The Color Of My Heart Is Black.

KB129228

mellow

08. Black Cat

내 심장의 색깔은 블랙

From. Chief Editor

GREETING

'검은 고양이 눈 감은 듯'이라는 속담이 있다. 옛날 옛적, 희미한 달빛에만 의지해야 했던 깜깜한 밤, 어둠 속에 숨은 검은 고양이는 눈에 잘 띄지 않았다. 두 눈을 감으면 어디까지 얼굴이고 어디까지 몸통인지 분간하기 어려웠다. 사람들은 눈앞의 상황을 이해하기 어려울 때 상상력을 발휘하기 시작한다. 그렇게 검은 고양이들은 밤을 호령하는 마녀의 하수인이자, 마법 세계와 현실 세계 중간에 있는, 신비한 존재가 되었다.

그런데 우리는 신비함을 오래 견디지 못하는 것 같다. 신비함은 '이해할 수 없음' '익숙하지 않음' '낯섦'을 뜻하며 그런 것들은 항상 미움을 받아왔다. 규정하기 어려운 존재에 미워하는 마음을 더하자 지옥이 펼쳐졌다. 이번 호를 만들면서 얼마나 많은 고양이들이 검은색 옷을 입었다는 이유만으로 죽음에 내몰렸는지 알게 되었다. 어쩌면 무엇이든 분명하게 만들려는 마음이 폭력일지도 모른다.

검은 고양이는 당연하게도 다른 고양이들과 똑같다. 솜바지를 입고, 새벽에 와다다를 하며, 츄르에 눈을 뒤집고, 나를 업신여긴다. 하지만 아직도 검은색 옷을 입은 아이들은 가족을 만날 확률이 더 낮다. 이제 눈 감은 검은 고양이의 모호함을 버텨야 할 때가 아닐까? 그리고 조금 더 자세히 들여다봐야 한다. 분간하기 어려운 얼굴 안에 숨어있는 분홍 코와 호박색 눈의 반짝임을 찾아내자.

편집장 **박조은**

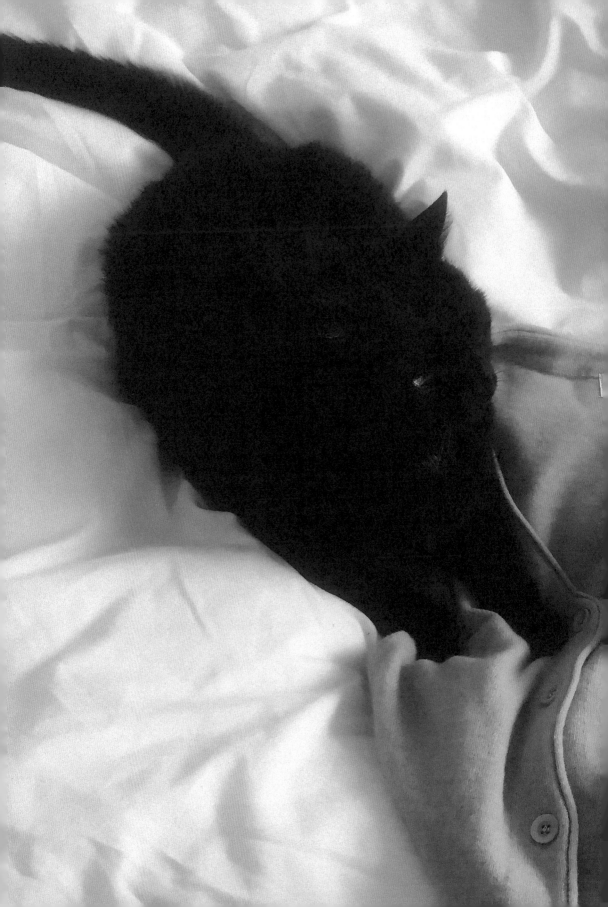

A COLOR THAT WILL NOT CHANGE OVER TIME, BLACK

sienne

세월에도 변치 않을, 블랙

검은 고양이를 떠올리면 어디선가 노랫소리가 들리는 것만 같지 않나요? 세기말을 풍미한 그 노래 말이에요. 가사 속 검은 고양이의 이름은 '네로'. 친숙하고 고전적인 이름이지만 그렇기에 더욱 매력이 있어요. 여기 있는 이 검은 고양이처럼요.

글·사진 박초은 @parkchoeunnn | 에디터 최진영

초은 님. 이렇게 만나 뵙게 되어서 반가워요.

안녕하세요. 저는 의류 브랜드 '시엔느Sienne'의 디렉터이 자 대표를 맡고 있는 박초은이라고 합니다. 시엔느는 프랑 스어로 '그녀의 것'이라는 뜻이에요. 저는 브랜드를 통해서 제가 입고 싶은 옷을 만들겠다고 생각했거든요. '내 옷장 속 에 오래 간직하고 입고 싶은 옷', 그런 옷을 만들고 있어요. 요즘에는 빠르게 유행이 변하고, 또 그만큼 새로운 옷을 사 기도 하잖아요. 시엔느는 유행이 지나도 색이 바래지 않는 클래식한 제품이 주를 이뤄요. 브랜드 이름처럼 유행이 지 나도 변하지 않는 '그녀의 것'인 거죠.

시엔느에는 빼놓을 수 없는 뮤즈가 있다고 들었어요.

네, 맞아요. 바로 검은 고양이 '네로'입니다. 네로는 제 반려 묘예요. 아들이라 소개하고 싶기도 한데… 네로의 나이를 생각하면, 네로가 저를 키우고 있는 거라고 할 수도 있겠네 요(웃음). 벌써 열세 살 정도 되었거든요. 성격은 순둥순둥 하고 겁이 많아요. 하지만 호기심도 넘치는 귀염둥이죠. 저 랑 닮은 점도 많아요. 저희 둘 다 독립적이면서도 정이 많 거든요. 서로를 귀찮게 하진 않지만 애정 가득한 시선으로 마주해요. 10년을 함께 지내다 보니 이제는 소리만 들어 도, 행동만 보아도 아이가 무엇을 원하는지 알 수 있어요.

네로는 깨끗하고 따뜻한 물을 좋아해서 항상 물통 옆에 다소곳이 앉아 있어요. 물을 마실 때는 따스한 물을 손으로 콕 찍어본 뒤 마시고요. 이런 순간들은 정말 아기를 키우고 있는 것만 같아요.

벌써 10년이라니. 네로는 초은 님의 아기라 해도 과언이 아니네요(웃음).
결혼을 하면서 네로를 입양하게 되었어요. 만약 고양이를 반려하게 된다면 '분양'이 아닌 '입양'을 해야겠다고 생각했어요. 10년 전 온라인 커뮤니티를 통해서 아이의 사연을 알게 되었어요. 당시 아이는 길고양이였고, 어느 대학생분이 임시보호를 하고 있었죠. 세 살 정도 된 성묘이기도 하고, 검은 고양이라서 입양이 힘들었나 봐요. 게시글에 올라온 사진이 정말 못생기기도 했고요(웃음). 그런데 저는 검

은 고양이에게 마음이 갔어요. 못생기고 장난기 가득한 모습이 더 사랑스러웠나 봐요.

그렇게 아이를 입양하게 되었죠. 제 품으로 온 고양이를 보자마자 바로 '검은 고양이 네로~ 네로~'라는 가사의 노래가 떠올랐어요. 그래서 고민도 하지 않고 '네로'라는 이름을 붙여준 것 같아요. 부르기 쉽고, 친숙하고, 살짝 고전적인 느낌이기도 하죠. 제가 이런 느낌을 좋아하거든요.

초은 님과 네로는 많이 닮았다는 생각이 들어요.

시엔느와 네로는 제 일상의 두 축이에요. 저에게는 둘 다 너무 소중해서 그런지 자연스럽게 브랜드에 네로의 모습이 흘러 들어갔죠. 내심 이 귀엽고 사랑스러운 녀석을 많은 사람들에게 자랑하고 싶었던 것 같기도 해요. 어느 순간부터 시엔느의 상품에 검은 고양이가 하나둘 등장하기 시작했어요. 고객분들도 네로의 등장을 좋아해 주셨어요. 오랜 기간 브랜드와 함께해 주신 분들도 네로를 반겨주셨고요. 가장 기억에 남는 제품은 역시 '러브 캣 그래픽 티셔츠'가 아닐까 싶네요. 이 상품에는 네로의 실사가 들어가 있거든요. 일상 속 순간을 티셔츠에 그대로 담은 거죠. 아이의 사진이 그대로 들어가 있으니, 그래픽과 사진의 조화가 중요했어요. 내추럴한 무드를 주기 위해 유연한 워싱 코튼을 사용하기도 했고요. 네로가 주는 행복과 사랑을 그대로 담으려 노력해서인지, 정말 반응이 좋았어요. 티셔츠를 입고 길을 걷다가 마주 걸어오던 사람이 고양이와 눈이 마주쳤다며 인사해 주셨다는 후기도 있더라고요. 일상 속 소소한 즐거움을 선물하는 옷이 된 것 같아 기분이 좋아요.

네로의 모습을 담은 키링도 만드셨잖아요.
키링도 네로의 일상에서 출발하게 되었어요. 네로가 스카프를 하고 지낸 적이 있거든요. 스카프가 마음에 들었는지, 귀찮아하거나 빼려고 하지도 않더라고요. 그 모습이 너무 사랑스러워서 언젠가 인형을 만든다면 스카프를 한 네로의 모습을 본떠 만들어야지 하고 다짐했었어요. 그게 현실이 된 거죠(웃음). 검은 고양이라 흔히 말하는 '사진빨'이 정말 안 받는 편인데, 키링에는 네로의 실물이 잘 담길 수 있도록 노력했어요. 꽃무늬가 잔뜩 그려진 스카프를 맨 검은 고양이, 장난꾸러기 같은 모습이죠?

'세월에도 변치 않는 클래식한 멋', 시엔느가 추구하는 아름다움이에요. 이 아름다움은 초은 님과 네로와도 닮아 있어요. 둘은 언제나 일상을 함께하고 오랜 시간 변치 않은 마음을 나누고 있으니까요.

이 부분은 어떻게 답을 드려야 할지 고민이 많아지네요. 반려동물을 반려하는 분들이라면 다들 같은 마음일 거예요. 아이들과 함께하는 시간엔 모두 비슷한 행복과 사랑을 느끼고 있겠죠. 이 넘치는 진심을 시엔느와 연결하면 억지처럼 보일까 우려되는 부분도 있고요. 네로와의 일상은 어떠한 말들로 설명하기보단 '사랑'이라는 한 단어로 모두 이야기할 수 있어요.
2023년도 시엔느의 컬렉션 주제 또한 '사랑'이었는데요. 이 단어 속에 들어있는 의미는 일상의 모든 부분에 각기 다른 의미로 다가와요. 저는 이 아름답고도 어려운, 그렇지만 진심이 가득한 단어를 이렇게 해석해 볼래요. '보이지 않는 것을 보는 것, 무엇을 보여주려 애쓰지 않는 것, 모호하고 눈에 보이지 않지만, 사실은 너무나 끈끈하고 아름다운 것'. 이것이 제가 정의한, 그리고 네로를 통해 느낀 사랑입니다.

Sterne

FATE LED BY
A BLACK CAT

정말 이상한 일이다. 서늘하게 비어있던 집이 온기로 가득해지고 뒤척였던 밤은 단잠을 부른다. 짙은 어둠이 내려앉아 차라리 질끈 눈을 감아버리고 싶었던 순간, 한 줌의 빛을 만났기 때문이다. 검은 고양이는 빛 속으로 삶을 이끌었다. 어느새 자욱하던 어둠이 걷히고 눈부시게 밝은 세상이 나타났다. 이 모든건 단 한 마리의 검은 고양이가 만들어낸 기적이다. 정말이지 이상하고, 무척이나 아름다운 일이다.

글·사진 박수홍 @blackcatdahong ㅣ 에디터 유하림

검은 고양이가 이끄는 운명

줄곧 화면으로 만나와서 그런지 익숙한 느낌이에요. 수홍님도, 다홍이도요(웃음).
반갑습니다. 이제 곧 다섯 살이 되는 검은 고양이 '다홍이'와 집사 박수홍입니다. 다홍이는 정말 특별한 아이에요. 사람을 굉장히 좋아하죠. 낯가림도 없고, 사교성도 좋아요. 여기까진 다른 고양이들과 비슷할지 모르겠지만, 목욕도 잘한다고 하면 놀라시더라고요. 많은 집사분들이 부러워하는 점이기도 해요(웃음). 특별히 교육을 한 것도 아닌데 처음부터 "앉아" "기다려" "점프" 같은 말을 알아들었어요. 어느 장소에 가도 사람 화장실에 가서 용변을 보는 건 여전히 미스터리랍니다. 벌써 4년을 넘게 봐왔지만 늘 신기해요. 저만큼이나 많은 분들이 신기하셨는지, 방송에 출연하고 나서 여러 커뮤니티에 "3대가 덕을 쌓아도 못 만날 고양

이" "로또" 등의 키워드로 이슈가 되기도 했어요. 아이가 제게 행복을 주는 만큼, 저도 행복한 환경을 만들어주려 노력하며 지내고 있습니다.

그래서인지 넓은 창문에 캣타워, 어항, 숨숨집까지 있었군요. 다홍이를 위한 인테리어가 인상적이에요.
얼마 전에 '윤쌤'으로 불리는 윤홍준 수의사님이 저희 집에 방문하셨어요. 그때 하신 말씀이 기억에 남는데요. "이 집은 사람을 위한 것과 고양이를 위한 것이 적절하게 섞여 있어 사람과 고양이가 함께 살기에 좋은 집이다"라고 해주셨어요. 나중엔 집안의 벽마다 아이에게 놀이터를 만들어 주는 게 꿈이에요. 제 집이 생긴다면 다홍이만을 위한 공간으로 꾸며주려고 합니다.

다홍이를 만나기 전엔 상상하지 못했던 풍경이었겠어요.

다홍이를 만난 이후로 취미가 바뀌어버렸죠. 이전에는 쇼핑을 즐기지 않았어요. 그런데 고양이에 관련된 물건을 사는 건 정말 재미있더라고요. 아이가 옷 입는 걸 정말 좋아하거든요. 그래서 옷이며, 액세서리도 자주 구매해요. 다홍이가 좋아할 만한 장난감이나 일상을 편안하게 해줄 고양이 용품도 많이 구비하죠. 이렇게 일상도 많이 바뀌었지만 다홍이를 만나기 전후로 가장 크게 변화한 것은 동물에 대한 인식이에요. 왜 '반려'라는 표현을 사용하는지, 왜 '가족'이라고 하는지 깨달았습니다. 정말 제가 낳은 아들같이 느껴져요. 눈에 넣어도 안 아프다는 말을 이해하게 되었달까요.

다홍이 덕분에 수홍 님의 일상이 180도 바뀌게 되었나 봐요.

다홍이는 2019년 9월 경기도 화성시에 위치한 전곡항에서 처음 만났어요. 친한 PD님, 감독님과 함께 낚시를 하려고 갔죠. 그곳에 까맣고, 마르고, 어딘가 꾀죄죄한 새끼 고양이가 덩그러니 혼자 앉아 있더라고요. 조그맣던 아이가 먹을 게 없었는지 흙바닥에 떨어진 김밥을 주워 먹고 있었어요. 제가 "이리와" 하고 부르니 꼬리를 바짝 세우고 다가왔죠. 그때 당시에는 몰랐는데 고양이가 꼬리를 세우는 건 반갑다는 뜻이래요. 다홍이는 저를 처음 봤을 때부터 반가운 마음이 들었나 봐요. 고민 끝에 새끼 고양이를 서울로 데려왔어요. 그날만 생각하면 짠하고 뭉클합니다.

운명이란 말이 잘 어울리는 첫 만남 같아요. 게다가 수홍 님의 생일이 '세계 검은 고양이의 날'이라면서요!
돌이켜보면 처음 만났던 항구에서부터 운명이었나 봐요. 사는 곳도 아니고, 연고도 없는 지역에서 만난 거잖아요. 그날로 낯선 제 품에 안겨 집에 오게 되었고요. 다홍이는 처음부터 자기 집처럼 골골송을 부르며 편하게 지냈어요. 저만 졸졸 따라다녔죠. 저희는 정말 운명인 것 같아요. 말씀하신 것처럼 10월 27일인 제 생일이 세계 검은 고양이의 날이기도 하거든요. 길고양이 출신이라 생일을 정확히 알 수 없으니, 다홍이의 생일도 세계 검은 고양이의 날로 정했어요. 덕분에 저에게도, 아이에게도 뜻깊은 날이 되었답니다.

'다홍'과 '수홍'은 생일도 똑같고, 이름도 닮았어요. 두 존재가 풍기는 느낌도 비슷하고요.
저와 이름을 비슷하게 지어줘서인지 다홍이와 제가 연결되어 있는 것 같아요. 다홍이는 신나게 뛰어놀다가도 이제 자자고 침대에 누히면 그대로 잠이 들어요. 어렸을 때 제가 딱 그랬대요. 저희를 좋아해 주시는 분들은 생김새도 닮았다고 하시더라고요. 가끔 아이를 빤히 바라보면 정말 저와 비슷한 느낌이 들기도 해요. 사랑하면 닮는다는 말이 진짜인가 봐요. 평범한 일상을 지내다가도 다홍이를 보면 편안해지고, 진정한 휴식을 취하고 있다는 느낌을 받곤 하는데요. 비슷한 존재에서 느껴지는, 말로 표현할 수 없는 안락함이 있어요. 다홍이 덕분에 이런 행복을 더 자주 느끼게 되는 것 같아요.

반려동물과 산다는 건 일상의 찬란한 순간들을 더 많이 만끽할 수 있는 행운처럼 느껴져요. 다홍이도 수홍 님에게 그런 행운을 가져다줬을 것 같아요.
다홍이는 저에게 은인 같은 존재예요. 괴롭고 힘들어 잠 못 이룰 때 옆에서 눈을 마주치며 걱정하지 말라고 위로해줬거든요. 잠이 오지 않던 날에도 아이가 곁에 있어 주면 이상하게 눈이 감기더라고요. 앞서 제가 다홍이와 연결되어 있는 것 같다고 했잖아요. 바로 이럴 때 그런 느낌을 받아요. 저의 마음이 힘들거나, 슬플 때 그걸 알아채더라고요. 발랄하던 아이가 차분하게 제 옆을 지켜요. 집에서도 저를 따라다니면서 항상 지켜줬어요. 특히 어릴 때는 지금보다 더 껌딱지였죠. 제가 어딜 가든 함께 있고 싶어 했거든요. 다홍이 덕에 몸도, 마음도 건강해졌고 그게 너무 고마워요. 아이가 제게 줬던 사랑 그 이상으로 돌려주고 싶고요.

사실, 아직도 검은 고양이를 불행과 연결 지어 생각하는 분들이 많아요. 수홍 님은 그런 편견을 없애려 적극적으로 목소리 내는 분이기도 하죠.

아는 분들은 아시겠지만, 다홍이가 몇 차례 방송 출연을 했었어요. 참 신기하게도 그 이후로 검은 고양이에 대한 인식이 바뀌었다고 말씀해주시는 분들이 생겼어요. 다홍이 덕에 보호소에 있는 검은 고양이 입양 문의도 엄청 늘었다고 하더라고요. 방송을 보고 많은 분들이 검은 고양이가 얼마나 사랑스러운지 알게 되셨나 봐요. 말씀하신 것처럼 여전히 검은 고양이를 불행의 아이콘으로 여기는 분들이 계실지도 몰라요. 하지만 다홍이는 불행과는 거리가 먼 아이예요. 처음 만나던 날부터 지금까지 제가 아이에게 받은 건 위로와 힘, 사랑과 행운 같은 것들이죠. 그걸 알아보셨으니 검은 고양이 입양률이 올라간 것 같고요. 제가 아니라, 다홍이가 검은 고양이들을 구한 겁니다.

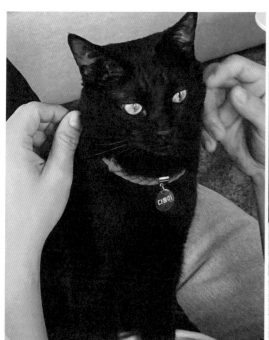

검은 고양이 한 마리가 수홍 님을 포함해 많은 사람들을 밝은 빛 속으로 이끌고 가네요.

정말 그런 것 같아요. 저도 다홍이 덕에 새로운 활동을 시작하게 되었거든요. 고양이와 함께 살게 되면서 유기된 동물이나 길고양이들을 볼 때마다 가슴이 아팠어요. 아이를 처음 만나던 날이 떠오르기도 했죠. 그래서 '국경없는 수의사회'라는 단체에서 봉사활동을 하게 됐어요. 처음 일을 시작할 때, 대표이신 김재영 수의사님이 동물들을 돌보다 보면 제 마음도 치유될 거라고 하셨어요. 근데 진짜 그렇더라고요. 아프고 도움이 필요한 아이들이 건강해지는 모습을 보면서 이상하게 저까지 건강해지는 느낌이었어요. 바쁘더라도 시간이 날 때면 늘 돕고 싶어요. 그게 저의 마음을 다듬고 결국 제 자신을 돕는 일이니까요. 이렇게 다홍이로 인해서 몰랐던 세상을 알게 되었어요.

수홍 님이 검은 고양이를 행운으로 여겼기 때문에 이토록 눈부시고 환한 세상이 펼쳐진 것 같아요. 운명을 만드는 건 우연을 맞닥뜨린 사람의 몫이니까요.

저와 다홍이는 정말 행복하게 지내고 있어요. 우리들에게 어떠한 조건 없이, 아무런 목적없이 행복만을 주는 존재가 반려동물이잖아요. 함께하는 일상은 평화로움 그 자체예요. 아침에 일어나면 다홍이는 항상 인사를 하러 와요. 덕분에 침대에서 눈을 뜰 때부터 하루를 기분 좋게 시작하죠. 아이와의 일상이 세상에 알려지고나서 많은 사랑을 받았어요. 왕성하게 활동하던 시기보다 더 큰 사랑을 받는 것 같아요(웃음). 지금은 다홍이와 유튜브 채널을 운영하고 있는데요. 유튜브 본사에서 연락이 올 정도로 월드스타

가 됐죠. 아이의 첫 광고는 넷플릭스였고요. 이제는 다홍이가 만화 주인공이 되어서 〈행복해다홍〉이라는 웹툰도 나올 예정이에요. 이건 모두 조그맣던 검은 고양이가 해낸 일이에요. 저에게 줬던 행복과 사랑을 다른 분들도 느꼈기 때문에 가능한 일이었어요.

가끔 다홍이가 사람이었으면 좋겠다고 생각해요. 사람보다 짧은 삶을 살아야 한다는 것을 받아들이기 힘들 때가 있어요. 아이가 저보다 오래 살았으면 하거든요. 만약 다홍이가 저의 말을 온전히 알아들을 수 있다면 이 말을 꼭 전하고 싶어요.

"다홍아, 아빠가 진심으로 사랑해. 아빠를 지켜줘서 정말 고마워."

24

If you're looking
for a black cat,

Follow
the white cat

검은 고양이를 찾고 있다면, 밝은 빛을 따라오세요

'떼려야 뗄 수 없는 관계'라는 말은 이 두 고양이를 위해 만들어졌나 봅니다. 밤처럼 까만 고양이의 곁에는 낮처럼 하얀 고양이가 늘 함께하니까요. 어두운 밤과 밝은 낮이 같이 존재하기에 의미가 있다는 이야기처럼, 까맣고 하얀 두 고양이는 항상 나란히 앉아 있어요. 어쩌면 우리에게 단순하고도 명확한 그 이야기를 전해주려는 걸지도 몰라요.

글·사진 구현정 @dolmaengyi_ | 에디터 유하림

검은 고양이와 하얀 고양이가 나란히 앉아 있네요. 꼭 만화의 한 장면 같아요.

안녕하세요, 저는 돌맹이와 염소의 집사 구현정입니다. 만화 캐릭터처럼 귀여운 두 아이에게는 사실 아픈 사연이 있어요. 흰 고양이 '맹이'는 약 1년간 길에서 생활을 하다 구조된 아이고, 검은 고양이 '염소'는 임신한 유기묘에게서 태어난 아이거든요. 가슴 아픈 과거가 있지만 지금은 가족이 되었어요. 둘은 털색과 생김새가 아주 달라요. 그래서 제가 별명을 붙여 주었죠. 맹이는 털이 하얗고 폭신폭신해서 '솜사탕' '구름'이라는 별명을 붙여주었고요. 염소는 단모종이면서 삐쭉삐쭉한 털이 성게처럼 보여서 '성게'라고 불러요. 별명만 들어도 아시겠지만 둘은 상반된 매력을 가진 고양이랍니다.

머리부터 발끝까지 정말 닮은 구석이 하나도 없네요. 이렇게 다른 두 고양이는 어떻게 가족이 되었을까요?

검은 고양이와 가족이 된 건 우연이었어요. 첫째 맹이를 반려하면서 둘째를 입양하고 싶어졌어요. 처음엔 마음을 열지 못하던 맹이가 사랑을 받고 변화하는 걸 보면서, 가족을 찾고 있는 고양이에게 사랑을 나누고 행복을 선물하고 싶었어요. 그렇지만 맹이가 경계심이 강한 성격이다 보니 성묘와의 합사는 자신이 없었어요. 그때 마침 지인의 SNS를 통해서 아기였던 염소의 입양 홍보 글을 보게 되었어요. 길에서 임신한 유기묘가 낳은 새끼 중 하나였는데 너무 귀여운 거예요. 아기 염소는 작고 달콤한 젤리처럼 동그랗고 말랑

한 느낌이었거든요. 첫눈에 반한다는 게 이런 건가 싶었죠. 바로 입양 신청을 하고 아이를 데려오게 되었어요.

털색만큼이나 다른 것이 있다고 하던데… 무엇인가요?

맹이는 독립적인 성격이에요. 길에서 생활해서 그런 건지, 사람에 대한 경계심이 있어요. 그래서 낯선 사람이 다가오면 '냥냥펀치'를 날리곤 한답니다. 경계심이 있는 만큼 차분하고 조용한 성향이에요. 주로 누워있거나, 나른하게 사색을 즐기며 시간을 보내는데요. 맹이가 늘어져 있는 모습을 보고 있으면 저도 마음이 편안해지더라고요.

반면에 구조자님 집에서 태어난 염소는 아기 때부터 안전한 환경에서 좋은 사람들만 보고, 사랑을 가득 받으며 자랐어요. 그 덕분에 모든 생명을 사랑해요. 모르는 사람이 오면 몸을 숨기는 맹이와는 반대로, 모든 사람을 환영해 주죠. 마치 강아지처럼요. 사냥놀이를 할 때면 들판을 달리는 강아지가 된 것 마냥 날렵하게 장난감을 낚아채요. 항상 활기차고 눈빛에 호기심이 가득한 아이랍니다. 때론 깜짝 놀랄만한 장난을 치기도 하지만 이런 염소의 모습이 집안의 분위기를 밝혀주는 것 같아요. 둘의 대조적인 성격 덕분에, 집안에 활기찬 순간과 고요한 순간이 균형을 이루며 흘러가요. 흑색과 백색은 함께해야 그 아름다움을 온전히 즐길 수 있는 것처럼요.

덕분에 더욱 조화로운 하루가 완성되는군요.

맹이와 염소의 상반된 성격이 서로를 보완해 주는 것 같아

요. 그렇기에 더 특별한 유대가 형성되었어요. 염소는 아기 때 입양되어서 그런지, 맹이를 엄마처럼 따르더라고요. 맹이도 자기 자식인 양 염소를 돌봐줘요. 잘못했을 때 혼내기도 하고, 제가 염소에게 장난을 치기라도 하면 매서운 주먹으로 응징하죠(웃음). 얼마 전, 염소의 발톱을 깎아주는데 무서운지 엄청나게 울었는데요. 그때 맹이가 화를 내며 저에게 냥냥펀치를 날리더라고요. 아직도 흉터가 깊게 남아 있지만 볼 때마다 맹이가 염소를 구해주던 순간이 기억나 웃음이 나요.

장면이 상상되는데요? 검은 고양이를 지켜주는 흰 고양이라니, 만화 같잖아요.

그렇죠. 저도 아이들과 함께한 후로 웃음이 늘었어요. 두 아이가 있어 얼마나 감사한지요. 그래도 가장 달라진 점이 있다면 옷의 색깔을 꼽고 싶어요. 원래 검은 옷과 흰옷이 정말 많았어요. 그런데 흰 고양이 맹이 덕분에 검은 옷이 모두 하얗게 변했죠(웃음). 검은 고양이 염소까지 가족이 되고 나서는 흰옷도 입을 수 없게 되어버렸어요. 두 고양이 덕분에 회색 옷이 가득한 옷장이 되었네요.

소소한 해프닝도 많아요. 새하얀 맹이는 숨어 있어도 밝은 모색이 눈에 잘 띄어 찾기 쉽지만, 염소는 식탁 밑이나 침대 밑에 있으면 찾기 힘들더라고요. 한번은 염소가 없어진 줄 알고 너무 놀라서 한참 동안 찾았었는데, 바로 옆 찬장 밑에서 자고 있었어요. 이제는 염소가 안 보이면 가구 밑부터 살펴본답니다.

아이들 덕분에 현정 님의 하루는 유쾌한 만화가 되었네요.
염소는 2D 애니메이션처럼 코와 입이 잘 안 보이거든요.

눈을 동그랗게 뜨고 고개를 갸우뚱하는 것만으로도 만화속 한 장면 같달까요. 만화 캐릭터가 현실 세계에서 살아 움직이는 것 같아 신기해요. 스튜디오 지브리의 애니메이션 〈센과 치히로의 행방불명〉에 등장하는 '먼지' 캐릭터와 정말 닮았죠. 짧은 다리와 동그란 얼굴이 영화 속에서 톡 튀어나온 것만 같아요. 짧고 단단한 다리로 아장아장 걸어 다니는 아이를 보면 마치 애니메이션을 보는 것처럼 마음이 따뜻해지기도 하고요. 모든 순간이 만화처럼 느껴져요.

제 눈에는 만화보다 더 행복해 보이네요.

제 주변엔 검은 고양이를 무서워하는 사람들이 많았어요. 불운의 상징이라면서요. 하지만 귀여운 염소를 만나고 나면 검은 고양이에 대한 편견이 사라질 수밖에 없죠. 착하고 사랑스러운 아이들인데 잘못된 인식 때문에 배척받고 있다는 사실이 안타까워요. 제 지인들이 염소를 통해 인식이 바뀌었듯, 조금만 관심을 가지고 바라보면 다른 분들도 금세 생각이 변하지 않을까요? 검은 고양이도 하얀 고양이와 똑같이 정말 사랑스럽잖아요.

아이들과 함께하는 시간은 마음의 휴식처 같아요. 바쁜 일상에서 벗어나 아무 생각 없이 고양이들과 놀면 마음이 편안해지고 스트레스가 해소돼요. 맹이와 염소가 행복하게 먹고, 쉬고, 노는 것을 보면 일상의 근심거리가 잊히죠. 매일 작은 행복을 발견할 수 있어 좋아요. 존재만으로도 힐링이 되는 이 아이들에게 보답하기 위해 저도 보호자로서 행복한 환경을 제공하고자 노력하고 있어요. 맹이와 염소 또한 저의 보호자이고, 가장 친한 친구이고, 평생을 함께할 가족입니다.

Olive Tree Bears Black Fruits

글·사진 오수정 @ohbutido | 에디터 최진영

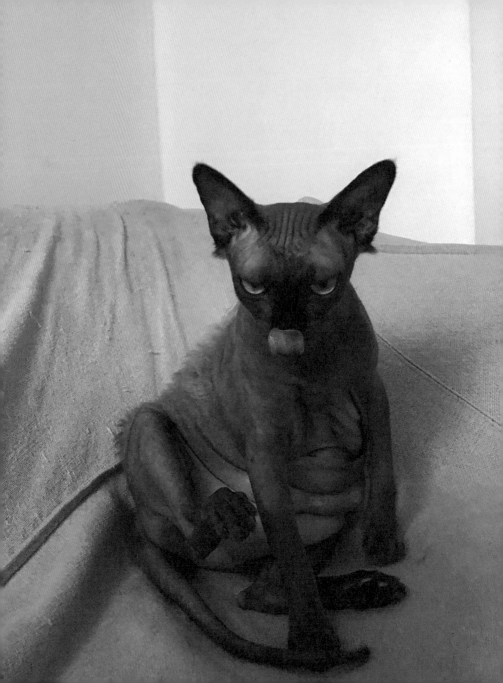

숲속에 자리한 작고 여린 올리브 나무. 그 가냘픈 생명이 이 계절을 지날 수 있을지 몰랐습니다. 나무는 숲이 주는 양분을 먹고, 숲이 쏟아내는 빛을 흡수하고, 숲의 도움을 받아 일어났습니다. 그리곤 어느새 풍성한 가지를 일궈냈어요. 나무의 가장 길고 단단한 가지의 끝, 그곳에는 까만 올리브 열매가 맺혔습니다.

북한산 자락 아래에 숲을 담은 동네가 숨겨져 있었네요. 서울에 이런 곳이 있는 줄 몰랐어요.

안녕하세요. 세 스핑크스 고양이와 살고 있는 오수정이에요. 이곳은 운명적인 보금자리입니다. 이전에 살던 집의 계약이 끝나 집을 급하게 구해야 하는 상황이었어요. 공간을 실제로 보지도 못하고 온라인으로 확인한 뒤 계약했죠. 그런데 와서 보니 빌라 이름이 '에덴 빌라'인 거예요. 마치 저의 고양이 무이, 올리, 포리의 이름을 알고 있는 것처럼요. 자연에서 영감을 받아 아이들의 이름을 지었거든요.

아이들에게 싱그러운 자연을 선물해 주셨나 보군요. 이름의 유래를 소개해 주실래요?

세 아이는 모두 스핑크스 고양이인데요. 우선 첫째인 무이 먼저 말씀해 드릴게요. 무이는 보들보들하고 말랑한 분홍색 피부를 가지고 있어요. 여러분이 상상하는 전형적인 스핑크스 고양이죠(웃음). 그런 무이는 어릴 적부터 물을 잘 안 마셨어요. 아이에게 물을 마시게 하려고 꽤 노력했어요. 목을 축일 수 있도록 "물~ 물이야. 물 마시자"라는 이야기를 계속 반복하다 보니 이름이 '무이'가 됐어요. 무이의 두 눈이 맑고 푸른 호수를 닮은 파란 색이기도 했고요.

둘째 '올리'는 올리브 나무에서 이름을 따왔어요. 올리의 눈이 때로는 노란색, 때로는 초록색으로 변하거든요. 보통 성장하며 눈의 색이 바뀐다는데. 신기하게도 올리의 눈동자 색은 날마다 변해요. 어떤 날은 막 열린 어린 올리브 열매처럼 녹색을 띠다가도, 어느 날엔 농익은 올리브 열매처럼 노란색을 보여주기도 하죠. 올리는 검은색 스핑크스 고양이예요. 그래서인지 피부색이 올리브 나무의 가지와도 비슷해요. 몸은 가지, 빛나는 눈은 열매. 완벽한 올리브 나무라고 생각했어요. 그렇게 올리라는 이름을 지어주었습니다.

막내는 포리라는 이름을 가졌어요. 포리를 보자마자 첫눈에 반했어요. 분홍색 피부에, 코에는 까만 점이 있는 얼굴이었어요. 올리와 무이를 반반 섞어 놓은 아이인가 하는 생각이 들더라고요. 숲의 요정 같은 귀여운 막내라서 그런 분위기를 잘 보여줄 수 있는 이름을 선물해 주고 싶었습니다. 많은 고민 끝에 포레스트Forest와 요정Fairy을 섞어 '포리'라는 이름을 붙여 주었죠. 이렇게 저의 세 고양이는 모두 모여 숲을 이루고 있어요.

서로가 있으면 깊은 자연 속에서도 외롭지 않겠어요.

사실 그렇진 않아요. 홀로 검은색인 올리는 조금 외로울지도 모르겠다는 생각이 들거든요. 혹시 까만 금붕어 이야기 아세요? 왜, 그 이야기 있잖아요. 알록달록한 색을 가진 금붕어들 사이에서 까만 금붕어만 홀로 외로이 산다는 이야기. 올리를 보면 그 이야기가 떠올라요. 무이, 포리와 그리 친한 편이 아니거든요. 둘은 서로 그루밍도 해주고, 함께 잠도 자는데 왜 올리에게만 거리를 두는지 모르겠어요.

고양이뿐만 아니라 사람들도 똑같아요. 다묘가정이다 보니, 주변 지인들을 상대로 제 반려묘 중 가장 귀여운 아이를 뽑아보라 장난스레 묻기도 하거든요. 근데 올리를 뽑은 사람은 단 한 명도 없어요. 까매도 까만 대로, 그만의 사랑스러움이 있다고 생각하는데 아직도 편견이 가득한 거죠.

올리는 외롭게 서 있는 올리브 나무네요. 너른 숲 한 가운데에 홀로 서 있는, 그런 나무처럼 느껴져요.

고독하지만 홀로 외롭게 서 있진 않을 거예요. 비가 오나 바람이 부나 항상 제가 함께할 거거든요. 올리가 한 살이 되었을 무렵, 호흡기 질환 증상이 나타나기 시작했어요. 코안 쪽이 이물질로 꽉 막혀서 숨을 못 쉬는 거예요. 콧물에 피가 섞여 나오기도 하고요. 유명하다는 병원을 모두 찾아다녔죠. 하지만 같은 대답이었어요. 원인 불명이라고. 그렇지만 포기할 수 없었어요. 올리가 숨 쉬는 걸 힘들어하면 직접 인공호흡을 해주기도 하고, 매주 네뷸라이저를 하기 위해 병원을 방문하기도 했습니다. 제가 너무 자주 병원을 오는 게 안타까웠는지 수의사 님께서 간이 네뷸라이저를 만드는 방법을 알려주시기도 했어요. 결국에는 이마에 아주 미세한 구멍을 뚫어서 밖으로 호스를 노출해 호흡을 용이하게 하는 수술도 했고요. 수술을 하니 올리의 이마 위로 뾰쪽하게 호스가 올라오더라고요. 그 모습을 보고 '꼬마 악마'라는 별명을 지어줬어요. 악마는 아프지 않잖아요. 뿔이 난 까만 악마라며 아이를 장난스레 놀렸어요. 아이가 못된 악마여도 좋으니, 아프지만 않았으면 좋겠다고 생각했거든요. 지금도 올리는 호흡이 힘들고, 코에 피가 고이기 시작하면 저를 찾아요. 아플 때마다 제가 직접 처치를 해줘서 그런 건지 '엄마한테 가면 다 나을 거야'라고 생각을 하는 것 같아요. 그럼 저는 올리가 안정을 찾을 수 있도록 품에 꼭 안고 처치를 해주죠. 자신은 혼자가 아니라는 걸 이렇게나 잘 알고 있어요.

올리 덕분에 제가 혼자가 아니라는 사실을 깨닫기도 해요. 힘든 일이 있을 때면 나미의 '슬픈 인연'이라는 노래를 부르곤 하는데요. 그 노래를 부르면 제가 슬픈 걸 아는지 아이가 달려오더라고요. 위로해 주려는 것처럼요. 올리는 다른 아이들과 조금 달라요. 그냥 색깔만 다른 게 아니라 느낌이 다르달까요? 무이나 포리는 마냥 아기들 같은데, 올리는 저의 감정을 모두 이해하고 있어요. 검고 매끈한 올리브 나무에 등을 대고 기대어 있는 것만 같아요.

그런 올리에게 특별한 일이 생기고 있다던데. 어떤 일이 벌어지고 있는 걸까요(웃음)?
몇 해 전이었어요. 제가 외출을 하고 돌아왔는데 올리가 집에 없는 거예요. 완전 패닉 상태가 되었어요. 생각할 겨를도 없이 바로 뛰쳐나가 아이를 찾기 시작했죠. 나미의 슬픈 인연을 부르면서요. 집 뒤로 산이 있었는데, 그 산 구석구석을 뒤지며 노래를 불렀어요. 혹시 그 노랫소리를 듣고 올리가 저를 찾아올지도 모르니까요. '아 다시 올 거야.

너는 외로움을 견딜 수 없어, 아 나의 곁으로 다시 돌아올 거야' 울면서 노래를 불렀어요. 한 손에는 낚싯대를 휘두르면서요. 그렇게 몇 시간이 지났을까요. 드디어 노랫소리를 들은 건지 올리가 뛰쳐나오더라고요. 감격스러운 재회의 순간이었죠. 지금은 웃으며 이야기할 수 있지만 그때 생각만 하면 아찔해요.

아무튼 그렇게 집으로 돌아왔는데요. 그 뒤로 올리의 등에서 털이 자라나더라고요. 마치 보통의 고양이들처럼 보송보송한 털이 군데군데 자라나요. 그때 밖에서 다른 고양이를 데리고 온 걸지도 모르겠네요(웃음).

올리브 나무는 4년이 되는 해에 열매를 맺기 시작한대요. 올해로 네 살. 함께한 지 4년이 된 수정 님과 올리가 만든

나무의 열매는 무슨 색인가요?
올리가 무엇을 하든지 용서할 수 있어요. 벽에 콧물을 잔뜩 묻혀 놓아도, 가출을 해서 맘고생을 시켜도, 그냥 다 용서가 되는 아이예요. 단 한 가지 바란다면 건강하게 오래오래 살았으면 좋겠어요. 우리 가족 중에서 가장 장수했으면 싶은 마음도 있어요. 워낙에 아픈 아이였으니, 꼭 건강하고 행복한 묘생을 만들어 주고 싶습니다. 올리브 나무는 생각보다 키우기 어렵지 않대요. 건조한 환경에서도 잘 자라고요. 물을 적게 주어도 되고요. 최소한의 환경만 유지해 준다면 사시사철 푸른 잎을 볼 수 있죠. 그리고 그 생명은 농익은 까만 올리브 열매를 만들어 내고요. 올리가 자신을 닮은 검은 열매를 만들 수 있다면 좋겠네요. 건강하고 단단한, 그런 열매 말이에요.

온 세상에 검은 털을 흩뿌릴 때까지

검은 고양이는 졸린 눈을 비비며 잠에서 깨어납니다. 세상을 자신의 색으로 물들일 시간이거든요. 검은 털을 떨어뜨려 흔적을 남겨야 하니 정갈하게 몸을 핥아내요. 이제 함박눈이 펑펑 쏟아지는 들판으로 나가볼까요. 날이 춥다면 이른 봄을 만나러 가도 좋겠네요. 햇볕이 내리쬐는 높다란 언덕도 근사하겠어요. 오늘 가지 못한 곳은 내일 가도 괜찮답니다. 이 세상 모든 곳이 검은 고양이의 것이니까요.

글·사진 엘비 @catselbee | 에디터 유하림

노란 눈으로 세상을 밝히는 검은 고양이 미아! 만나서 무척 반가워요.

미아는 파양의 아픔을 겪고 저와 만나게 된 아이예요. 어느 날 우연히 본 입양 홍보 글을 통해 미아를 알게 됐어요. 입양을 선뜻 용기내지 못했는데 사진을 보자마자 데려와야 겠다는 생각이 들었어요. 미아의 눈에서 묘연을 느꼈거든요. 아픔을 겪었다는 사실을 알고 나서 더 마음이 가기도 했죠. 처음 만난 날에도 미아는 배를 보여주며 사랑스럽게 골골송을 불러 주었어요. 애교가 정말 많아서 제 뒤를 졸졸 따라다녔고요. 꼭 강아지 같았어요(웃음). 저를 거대 고양이라고 생각하는지 매번 제 몸을 혀로 핥아준답니다. 이런 행동들이 모두 미아만의 애정 표현이라고 느껴져요. 집으로 데려왔을 때부터 지금까지 제게 힘이 되어주죠.

미아에겐 함께 세상을 누비는 단짝친구도 있다면서요?

버터는 미아와 동갑내기 친구예요. 미아보다 1년 먼저 저와 가족이 된 아이죠. 태어난 지 얼마되지 않아 어미로부터 버림받은 고양이였어요. 재개발 구역에서 고양이 구조 활동을 하던 구조자님이 막바지에 무너져 내린 건물 더미에서 버터를 발견하셨다고 해요. 버터도, 미아도 각자의 사연을 가지고 저와 만나게 되었죠. 둘은 처음 만난 날에도 마치 오래전부터 알던 사이처럼 각별하게 지냈어요. 합사 전에 둘을 분리해 놓는데 제가 집을 비운 사이에 미아가 스스로 방문을 열고 나와 버린 거예요. 집에 돌아오니 둘이 나란히 앉아 저를 반겨 주고 있었답니다. 얼떨결에 합사에 성공했고, 그날 이후로 쭉 베스트 프렌드로 지내고 있어요.

그렇게 사이좋은 두 친구는 가족이 되어 특별한 여행길에 올랐어요.

아픔을 겪은 미아와 버터를 위해 소중한 추억을 만들어 주고 싶다는 생각이 들었어요. 제가 보는 아름다운 풍경을 아이들과 나눌 수 있으면 좋겠더라고요. 제가 느끼는 감정을 공유하고 싶었죠. 고양이는 영역 동물이라 마음껏 밖으로 나가 세상 구경을 하기 어렵잖아요. 그래서 멋진 배경 사진에 미아와 버터를 합성하기 시작했어요. 사진 편집을 따로 배운 적이 없어서 초반엔 어렵기도 하고, 많이 어색했답니다. 미아의 사진을 합성할 때는 예상치 못한 일도 벌어져요. 어두운 배경에서 찍힌 미아 사진을 포토샵으로 분리할

때 경계가 제대로 구분되지 않더라고요. 그래서 미아가 하얀 가구 위나 벽지 앞에 있을 때 재빨리 사진을 찍곤 해요. 미아는 사랑이 넘치는 아이라 늘 저를 졸졸 따라다니고, 제게 딱 달라붙어 몸을 비벼요. 그러다 보니 사진 찍기 어려울 때가 많거든요. 물론 그래서 더 사랑스럽지만요. 이렇게 시행착오를 겪으며 꾸준히 작업하다 보니 어느 정도 자연스러운 사진을 만들 수 있는 것 같아요. 이제는 좋은 곳에 방문하면 배경 사진을 많이 찍어둬요. 이곳에 아이들과 함께 오고 싶다는 생각을 하죠. 그렇게 하나둘 쌓인 사진들을 미아, 버터 사진들과 배치해보고, 어울릴 것 같은 사진을 골라 바로 포토샵으로 작업을 하고 있어요.

어딜 가도 까만 털을 가진 고양이가 떠오르시는군요.
어떤 장소를 가도 아이들을 먼저 생각하게 되니 자연스럽게 고양이를 그려 넣게 돼요. '테이블 건너편에 앉아 있다면, 창틀 앞에 배를 보이고 늘어져 있다면 어떤 모습일까?' 자주 떠올리고요. 그래서 어느 곳에 가든 미아, 버터가 정말로 저와 같이 있었다고 생각할 수 있게끔 합성 사진을 만들어요. 장소에 방문했을 때, 제가 느꼈던 감정을 사진에 담으려고 노력하죠. 그래서 방문하고 좋았던 곳이라면 바로 아이들의 여행 장소로 선택해요. 그러다 보니 즉흥적으로 여행지를 정할 때가 많죠. 일상적인 동네의 모습부터

사람들이 즐겨 찾는 명소, 그리고 사계절의 아름다운 풍경까지. 제가 보고 느끼는 모든 것들을 미아, 버터도 함께 느끼고 있다고 생각하거든요. 몸은 떨어져 있어도 마음이 연결되어 있달까요.

특히 기억에 남는 장소도 있을 것 같아요. 미아와 함께라면 어디든 특별하겠지만요.
미아는 어느 여행지에서도 존재감을 드러내요. 밝은 털을 가진 버터는 배경과 자연스럽게 어우러지는 매력이 있다면, 미아는 사람들의 시선을 한눈에 사로잡는 치명적인 매

력이 있죠. 검은 털을 가지고 있으니 밤과 참 잘 어울리기도 하고요. 까만 밤을 만나면 밤하늘을 비추는 달빛 같은 노란 눈이 더욱 빛나거든요. 어느 곳이든 미아의 눈이 돋보이는 장소가 제 마음에도 오래 남는 편이에요. 그래도 좋아하는 사진을 꼽아보자면 둘이 나란히 앉아서 떨어지는 벚꽃 잎을 바라보는 사진이 가장 기억에 남아요. 강릉 여행을 갔을 때 분홍빛 벚꽃 잎이 흩날리는 거리가 예뻐서 사진을 찍다가 아이디어가 떠올랐어요. 그래서 집으로 돌아오자마자 바로 작업했죠. 여행의 기억이 생생할 때 아이들의 사진을 합성하고 있으니 정말로 같이 여행을 한 것만

같은 느낌이 들더라고요.

사진을 보면 미아가 정말로 그곳에 있던 것처럼 느껴질 때도 있어요.

맞아요, 바로 그런 느낌을 전하고 싶어요(웃음). 미아가 실제로 여행을 즐긴 것처럼 보였으면 하거든요. 그래서 가끔 진짜 여행을 떠나면 어떨까 상상하곤 해요. 어느 곳이든 다 좋겠지만 비행기를 타고 캐나다에 가보고 싶어요. 10년 전쯤 벤쿠버로 어학연수를 떠났었거든요. 캐나다에서 보고 느낀 대자연의 아름다움과 그때의 추억들을 미아, 버

터와 함께 느낄 수 있다면 너무나 행복할 것 같아요. 여행 사진을 만들고 나면 아이들을 향한 마음이 더 애틋해져요. 이렇게나마 아름다운 풍경을 같이 볼 수 있다는 생각에 대리만족을 느끼기도 하고요. 미아와 버터가 행복했으면 좋겠다는 마음으로 여태껏 사진을 만들어왔는데 그게 저에게도 큰 기쁨이 된 것 같아요. 새로운 곳에서 밥을 먹거나, 길을 걸을 때면 아이들을 생각해요. 모든 곳이 여행지가 될 수 있으니까요. 전이라면 그냥 지나쳤을 것 같은 평범한 장소들도 다시 한번 보게 되고요. 담벼락을 타고 뻗은 나뭇잎들, 넓은 창으로 들어오는 한 줌의 햇볕도 모두 사진으로 남겨요. 미아와 버터에게 온 세상을 보여주고 싶거든요. 그래서 예쁜 풍경을 찍은 날이면 되도록 합성 작업을 하고 있어요. 제가 만든 사진을 미아가 완전히 이해하지는 못하더라도 이런 저의 진심을 조금이라도 알아줬으면 좋겠어요. 어쩌면 이미 알고 있기에 그렇게 사랑을 쏟아주는 것일지도 모르겠네요(웃음).

아이들을 위해 시작한 일이지만, 이제는 엘비 님에게도 소중한 추억이 되었네요. 세 가족의 일상이 아름다운 여행으로 바뀌었으니까요.

소소하고 평범한 일상도 마치 여행의 한 장면처럼 유쾌하고 재미나게 변했어요. 밤을 닮은 미아를 보면 미소가 지어질 때가 있는데요, 어두운 곳에서 쉬고 있는 아이를 바라볼 때 특히 그렇죠. 불 꺼진 거실 창틀에서 쉬고 있는 검은 고양이를 뒤늦게 발견하기도 하고, 새까만 컴퓨터 의자에서 자고 있는 걸 한참 뒤에 찾아낸 적도 있어요. 매일 미아랑 숨바꼭질을 하는 기분이 들어요. 그래서 함께하는 삶이 더 재미있는 것 같고요.

가끔 제가 만든 사진들을 하나하나 보면서 추억 여행을 떠나기도 해요. 아이들을 향한 마음이 담긴 사진들은 자연스레 아련한 기억을 떠올리게 하는 일기장이 되었어요. 지친 일상에 활력을 불어넣어 주기도 하죠. 아름다웠던 과거의 순간을 떠올릴 수 있는 기록을 남기기 위해 이 일은 계속될 거예요. 사진 속의 미아와 버터가 매일 아름다운 풍경을 맞이하듯, 집에서도 늘 설레고 행복한 묘생을 살았으면 하고요. 미아, 버터처럼 아픔을 겪은 고양이들뿐만 아니라 세상 모든 고양이가 아프지 않고 행복했으면 좋겠어요.

A COLOR LIKE THE UNIVERSE

감정을 모두 담아낼 수 없는 단어가 있다. 의미를 담기에 다섯 개의 음절은 턱없이 부족하다.
그러니 우리는 까만 털을 쓰다듬는다. 한 번의 손길에 그 부드러움을, 또 속깊은 진심을 담는다.
움직임을 계속하다 보면 얄팍한 단어마저 새로워진다. 의미는 이미 우리의 곁에 있었다.

글·사진 신소현 @oimu_ | 에디터 최진영

안녕하세요. 오이뮤와 이야기 나눌 수 있어 뜻깊어요.

안녕하세요, 디자인 스튜디오이자 브랜드 '오이뮤Oimu'의 대표 신소현이라고 합니다. 오이뮤는 출판, 제품 개발, 전시 등 다양한 프로젝트를 한국적인 정서에 녹여 제안하고 있습니다. 오이뮤의 첫 시작은 '성냥 프로젝트'였어요. 디자이너로서 사물의 수명을 연장하고 시대의 가치를 이어 나가고자 하는 마음에 진행한 프로젝트예요. 디자인을 통해 사라져 가는 물건에 또 다른 가능성을 주고 싶었던 거죠.

성냥 프로젝트 결과물 중에서도 '블랙캣 성냥'이 눈길을 끌더라고요.

햇살이 거실로 길게 들어오는 시간이었어요. 고양이 세 마리가 각자의 시간을 보내는 모습을 보자니 이런 생각이 떠오르더라고요. '매일 길에서 긴장하며 살았던 저 아이들이 우리 집으로 와 드디어 고양이다운 모습으로 살아가고 있구나.' 세 고양이를 온전히 보살필 수 있어 만족스러운 느낌이 들었어요. 그 감정을 담아 만든 성냥입니다. 제 눈에 비친 고양이들의 가장 고양이다운 모습을 성냥갑에 새기고, 검은색 머리를 가진 성냥개비를 담아 '블랙캣 성냥'을 만들었습니다.

동화 『성냥팔이 소녀』에서 가난한 소녀는 작은 성냥불에 희망을 투영하죠. 은유적인 표현으로 '생명의 불씨'라는 말을 사용하기도 하고, '꺼진 불도 다시 보자'라는 표어도 있어요. 성냥의 불은 작지만 큰 힘을 가진 존재예요. 성냥갑에 새겨진 아이들의 모습을 통해, 작지만 그보다 큰 소중함을 지닌 고양이들을 다시 한번 떠올릴 수 있으면 좋겠어요.

성냥갑을 장식한 모델들의 이야기를 빼놓을 수 없죠. 세 모델을 소개해 주실래요?

2016년 겨울, 우연한 계기로 반려인이 되었어요. 길에서 작고 아픈 고양이 '오이묘'를 만나게 되었거든요. 바람이 불면 날아갈 것만 같이 작고 하찮았는데, 어느새 건강해져서는 저를 지탱해 주는 커다란 존재가 되었습니다.

2017년에는 길에서 돌보던 '코점이'를, 2018년에는 엄마를 떠나보낸 '오동이'를 만나 저의 고양이 전성시대가 펼쳐졌답니다. 오이묘는 출퇴근을 함께했고, 두 아이는 서무실에서 같이 시간을 보냈죠. 그러다 2년 전에 집을 이사하며 모두 집고양이가 되었습니다.

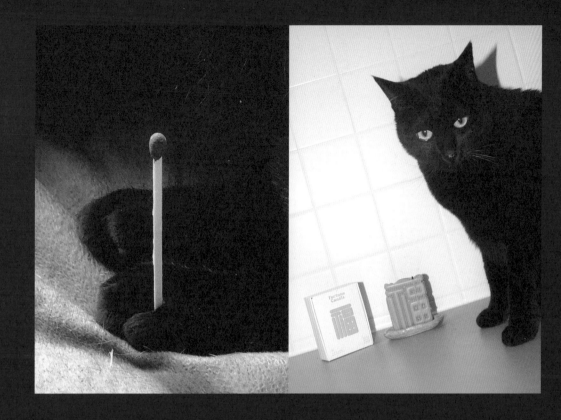

마치 친형제 자매 같은 외모의 고양이들인데, 함께하기까지 많은 사연이 있었군요.
오이뮤의 첫 사무실은 주택에 붙어있는 1층 상가였어요. 유리문이 지면과 연결되어 있어 자연스럽게 길고양이들과 친해지게 되었죠. 그렇게 연이 닿아 세 고양이와 가족이 되었네요. 그중에서도 검은 고양이인 오동이와 가족이 된 에피소드를 이야기해 드릴게요.

사람에게 경계심이 심해서 먼발치서 지켜보며 겨우 밥만 챙겨주던 삼색 고양이가 있었어요. 그 아이는 반복된 출산과 질병으로 힘겨운 삶을 보내다 세상을 떠났죠. 무척 애석하더라고요. 삼색 고양이가 남긴 새끼 고양이 한 마리를 지극히 챙겼습니다. 그 아이와 산책도 하고 귀갓길도 함께할 만큼 특별한 관계가 되었어요. 오랜 기간 출퇴근을 같이하다 보니 오이묘도 사무실에 뒤따라 들어오는 검은 고양이를 너른 아량으로 받아주더라고요(웃음). 자연스럽게 자그마한 새끼 고양이는 오이묘 동생 '오동이'가 된 거죠.

사무실에서 지낸 시간이 꽤 길다고 들었어요. 그 시간 동안 아이들은 때론 뮤즈가, 때론 힐링이 되어주었을 것 같아요.
오동이와 코점이는 4년 정도 사무실에서 지냈어요. 주말 이나 연휴가 되면 아이들 생각에 편하게 쉬기 힘들었어요. 4년이라는 시간 동안 하루도 빠짐없이 사무실로 출근해 함께 시간을 보냈죠. 출근을 하니 자연스럽게 잔업도 처리 하게 되고, 새로운 일을 구상하는 시간도 생기더라고요. 오 이유가 많은 프로젝트를 진행하며 성장할 수 있었던 이유 는 순전히 저를 일터로 이끈 고양이들 덕분이죠.

다양한 프로젝트 중 '검은 고양이'와 가장 닮아 있는 프로젝 트는 '색 프로젝트'가 아닐까 싶어요. 그동안 고착되어 있던

이미지를 새롭게 탄생시키는 것, 그것이 검은 고양이에게 가장 필요한 일이라는 생각이 들거든요.
민트, 베이지, 코랄 등 외래어로는 다양한 색을 표현할 수 있어요. 하지만 우리말로 색이름을 떠올렸을 때는 '빨주노 초파남보' 등의 일차원적인 색이름만 떠오르더라고요. 이 것에 문제의식을 느꼈어요. 색에 대한 보편적인 감각을 언 어로 연결하기 위해서는 한국인이 공감할 수 있는 대상으 로 이름을 제안해야 한다고 생각했어요. 민트는 옥색, 베이 지는 누룽지색, 레드는 인주색등으로요. 352개의 색을 계 통색별로 분류해서 『색이름 352』를 출간했어요. 이것을 기반으로 색에 대한 새로운 관점을 다양한 형태로 확장해 나가고 있습니다.

오동이는 검정색 털을 가졌지만, 햇살 아래서는 붉은 기운이 돌아요. 항아리에서 진하게 숙성된 '간장색' 같죠. 오이묘의 눈동자는 '호박석색'처럼 노랗고 투명하고요. 코점액의 흰털 부분은 흰 눈같이 보드랍고 티 없는 '하양' 그 자체입니다. 어쩌면 이렇게도 부드럽고 아름다울 수 있을까요. 매일 공짜로 이 보들보들한 털을 쓰다듬을 수 있는 게 놀라울 뿐이에요(웃음).

정의한 많은 색 중 가장 마음이 가는 것은 '검다'라는 심상을 담고 있는 색일 것 같아요. 검은 고양이를 반려하면 알 수 있잖아요. 그들은 그냥 검다고 통칭할 수 있는 존재들이 아니라는 것을요.

검은 고양이들을 보고 있으면 '기품 있다'라는 감탄이 절로 나와요. 검게 윤이 나는 털은 물론이고요. 마치 잘 손질된 가죽처럼 반질반질한 코는 비정형적인 질감이 고급스럽게 느껴지죠. 검정에서 풍겨 나오는 온기와 양감은 그 어떠한 것보다 생동감있고, 탐스럽다는 것을 깨닫게 해줍니다.

오이묘는 이미 고착된 개념에 새로운 의미를 선물해요. 그 움직임 덕분에 우리는 다른 관점으로 사물을 바라볼 수 있게 되고요. 멜로우도 그런 취지에서 Black cat호를 준비했어요. 그동안 편견 속에 살아온 검은 고양이들이 밝은 빛을 만날 수 있길 바라는 마음으로요.

검은색 고양이들을 불운의 상징이라 말하는 건, 중세 시대 서양에서나 퍼지던 미신에 불과해요. 검은 고양이는 우주처럼 신비롭고 아름답죠. 작은 머리로 무슨 생각을 하는 건지 알 수 없어요. 제 나름의 생각을 실천하려는 발끝에는 온 우주에 퍼져 있는 귀여운 기운이 몰립니다. 이미 우주의 신비를 알고 있는 듯이 여유롭고 유연하기도 하고요. 그런 그들을 곁에 잔뜩 둔 저의 일상에도 늘 신비로운 행복이 감돌고 있습니다.

정전을 밝히는 한 구절

QUOTES THAT ILLUMINATE THE BLACKOUT

갑자기 시작된 '정전'의 시간이다. 까맣고 어두워 아무것도 보이지 않을지 몰라도 주변을 메운 검정에 집중하면 주위를 둘러싼 모든 것들이 하나둘 보이기 마련이다. 얼음에 짤랑이는 진한 위스키, 원목 의자에 앉아 있는 고양이 그리고 손때 묻은 물건들까지. 모든 것들이 어둠 속에서 영감이 되는 밤, 정전의 시간은 그렇게 스며든다.

글·사진 김기범, 김유진 @_quott | 에디터 최진영

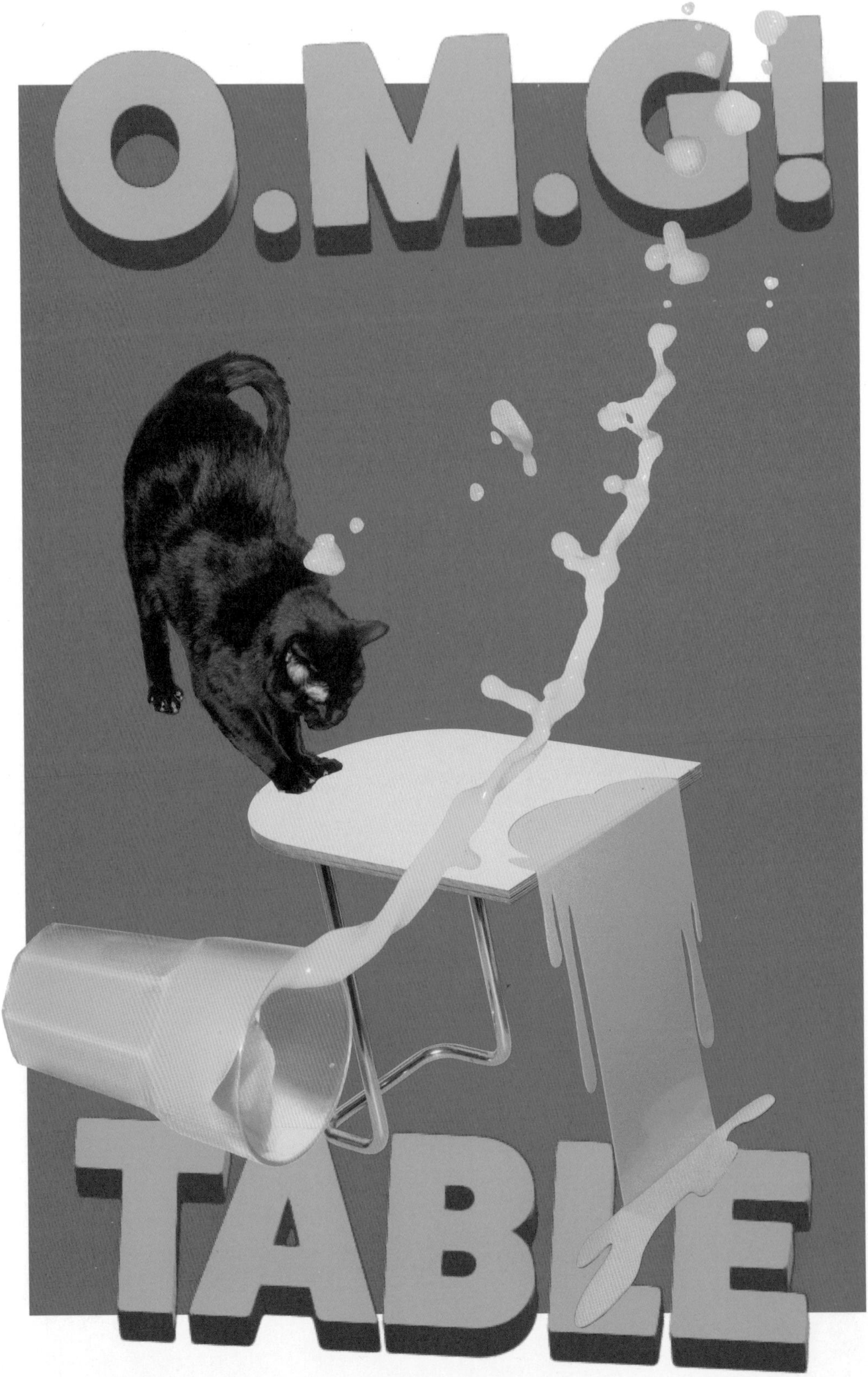
O.M.G!
TABLE

"I DRINK WHISKEY AFTER ALL MY WORK. I THINK ABOUT HOW MUCH I LOVE MY CAT AND HOW BEAUTIFUL HIS EYES ARE. THEN, THICK DARKNESS GATHERS AROUND YOU."

감각적인 소품이 가득하네요. 소품들 덕분에 공간마저 특별해지는 듯해요.

안녕하세요. 디자인 가구 브랜드 '쿠오뜨'를 운영하는 김기범, 김유진이라고 합니다. 쿠오뜨는 현대미술과 건축을 공부했던 저희 둘의 합작품이에요. 일상의 조각을 인용해 새로운 무언가를 만들고, 고객들의 공간에 들어가 새롭게 인용되길 바라는 마음으로 가구를 만들고 있죠.
쿠오뜨Quott라는 브랜드 명에도 그런 의미를 담았어요. 영어단어 중 인용구Quotation를 변형시켜 만든 이름이에요. 로고 역시 따옴표가 겹친 형상이고죠. '인용구'를 브랜드의 중심에 둔 이유는, 같은 문장을 인용하더라도 인용하는 사람에 따라 다르게 느껴질 수 있는 점이 매력적으로 다가왔기 때문이에요. 마치 내 손을 떠난 문장이 다른 이의 가슴에 닿아 새로운 의미로 펼쳐지는 것처럼요. 저희가 만든 제품도 누군가의 일상에 들어갔을 때 새로운 의미가 담긴 물건이 되길 기대하고 있습니다.

그렇다면 두 분의 일상을 인용한 제품도 있나요?

2023년 봄에 출시된 'O.M.G 테이블'을 이야기할 수 있겠네요. 커피가 탁자에 흥건하게 쏟아진 장면을 인용해 만들었습니다. 흘러내리는 음료의 물줄기가 탁자의 다리 역할을 할 수 있도록 고안했죠. 디자인적인 부분이 구성상으로도 중요하게 적용된 설계라서 진행할 때 정말 애를 먹었어요. 하지만 어떻게든 완성해야겠다는 마음으로 작업에 임했죠. 티테이블로 사용하기 좋도록 방수와 스크래치에 강한 코팅이 된 자작나무를 사용했고요. 흘러내리는

부분의 색은 구매자가 직접 선택할 수 있어요. 커스텀이 가능하다는 점이 이 테이블의 가장 큰 장점입니다.

어디에서도 접한 적 없는 색다른 디자인이네요. 쿠오뜨의 감성과 의미가 그대로 느껴지기도 하고요.

사실 O.M.G 테이블은 반려묘인 '정전'이가 아니었다면 세상에 나올 수 없었을 거예요(웃음). 정전이는 느긋한 성격의 고양이라서 웬만해서는 사고를 잘 저지르지 않는데요. 그날따라 장난을 치고 싶었나 봐요. 잠시 자리를 비운 사이 커피잔을 엎어 두었더라고요. 처음엔 "오 마이 갓!Oh My God!"을 외쳤지만, 자세히 보니 밝은 탁자 위에 진한 갈색의 커피가 퍼져 있는 게 꽤 멋있게 느껴졌어요. 커피가 뚝뚝 흐르는 테이블을 감상하듯이 바라볼 만큼요.

두 작가님의 곁에는 누구보다 창의적인 디자이너가 숨겨져 있었군요(웃음).

맞아요. 그럼, 이제 저희의 동료 정전이를 소개해 드려야겠네요. 정전이는 햇수로 열한 살이 된 검은 고양이예요. 캣타워를 좋아하지 않는 특이한 고양이기도 하죠. 2m나 되는 멋진 캣타워를 만들어 줘도 올라가지 않아요. 그냥 저희가 있는 곳을 졸졸 따라다니며 누워 있는 게 일상입니다. 검은 고양이라서 오해하실 수도 있는데… 정전이는 정말 얌전하고 착한 고양이예요. 목욕할 때도 발톱을 깎을 때도 늘 얌전해요. 특히 저희를 부르는 목소리가 참 사랑스럽고요. 손을 내밀면 까만 솜방망이로 손을 맞잡아 주는 세상에 둘도 없는 아이랍니다.

'까만 솜방망이로 손을 맞잡아 주는 아이'라니. 이보다 예술적인 표현이 또 있을까요? 정전이와 함께하는 모든 일상은 영감이 될 것 같네요.

모든 일과를 마친 뒤, 조명을 어둑하게 하고 위스키를 나눠 마시며 하루를 마무리하는데요. 그때 어두운 방 반대편에서 저희를 응시하는 정전이의 에메랄드색 눈망울과 시선이 마주치곤 해요. 집에 와서는 일하지 않겠다고 매일 다짐을 하지만요. 어둑한 조명, 위스키 그리고 까만 고양이가 만나면 감수성이 넘치기 마련입니다. 정전이를 얼마나 사랑하는지 떠올리고, 노란색과 녹색의 중간쯤 되는 눈을 보며 그 모호한 매력에 대해서도 정의를 내려 보게 되고요. 이런 순간이 찾아오면 무언가를 꺼내 들고 떠오르는 것들을 적어 내려가는 걸 참을 수 없어요. 그렇게 순간에 몰입하게 되면 디자인과 관련된 생각들이 떠오르게 됩니다. 이런 것들을 보면 정전이는 집에 와서도 저희를 일하게 만드는 팀장님 같기도 하네요(웃음).

지금은 까맣게 빛나는 모습 덕에 영감이 불러일으켜지지

만, 이전에는 검은 털 때문에 서러워 우는 일도 있었다고요. 인터넷을 통해 우연히 검은 고양이의 입양 공고를 보게 되었어요. 색이 밝은 고양이들은 모두 입양이 되었는데, 까만색인 고양이는 입양을 가지 못해 홀로 남아있다는 내용의 글이었죠. 게시글이 계속 기억에 남더라고요. 결국엔 아이를 만나러 갔어요. 도착해서 인사를 나누고 있는데 저끝에서 조그맣고 시커먼 고양이가 저벅저벅 걸어 오더니 제 무릎에 앉았죠. 그렇게 우리는 아무 말 없이 함께하게 되었어요.

아이를 데리고 집으로 오던 길, 고양이에게 "너는 어떤 이름이 좋니?" 라고 물으며 운전했어요. 그런데 갑자기 아이가 보이질 않는 거예요. 마치 갑자기 온 세상이 정전이 된 것 같았어요. 신호대기를 하며 여기저기 찾아보니 아이가 제 발밑에 있더라고요(웃음). 갑자기 정전되어도 정신을 차리고 어둠에 익숙해지면 희미하게 물체가 보이는 것처럼, 저희의 공간에 정전이가 스며들기 시작한 순간이었어요. 우여곡절 끝에 도착한 집에서 "그래, 너는 정전이구나" 라고 이야기를 나누었죠.

뜻깊은 이름이네요. 마치 갑작스러운 정전 때문에 생긴 잠깐의 휴식 같은, 그런 느낌이 든다고 할까요?

그렇게 도착한 집에서도 아이는 정전이 된 것 마냥 사라졌어요(웃음). 아이가 까매서 잘 보이지 않았던 거죠. 하지만 일주일 정도 적응 기간이 끝나니 정전이가 보이기 시작하더라고요. 그 이후로는 함께 어둠을 즐기고 있습니다. 잠들기 전 모든 공간이 까맣게 물들었을 때 정전이 같다고 생각해요. 어두운 공간에는 어디든 정전이가 있을 것만 같은 느낌이고, 그 느낌은 정말 따뜻하고 포근하거든요.

이전부터 창밖 풍경을 보는 걸 좋아하는데요. 어느 순간 창문 앞에 정전이의 뒷모습이 추가되었어요. 창문을 떠올리면 그 앞에 앉아 풍경을 바라보는 정전이의 모습이 그려져요. 짹짹거리는 새소리에 귀를 쫑긋하고, 유모차에 기대 천천히 걸음을 옮기는 할머니를 바라보는 정전이. 그 풍경 속에 함께할 때면 '우리는 같은 일상을 이렇게 담고 있구나' 하고 생각하곤 해요.

만져지지 않는 일상의 조각을 만질 수 있는 물체로 가공하는 것이 저희의 일입니다. 기억과 정서가 투영되지 않는 가구는 아무리 좋은 재료와 기술력으로 만들었다고 해도 수명이 짧다고 생각하거든요. 쿠오뜨의 가구는 우리의 소소한 일상의 조각들이 이루어져 만든 제품입니다. 그렇기에 쿠오뜨의 가구가 손님들의 일상에 들어가는 것은 말로 다 설명하기 어려운 유대감을 만들어 줍니다.

사실 '일상을 인용한 브랜드'라는 설명이 알쏭달쏭했는데요. 답변을 듣고 나니 그 이유를 알 것 같아요. 셋은 마치 소설의 한 구절 같은 삶을 살고 있고, 그 삶의 한 문장을

인용해 만든 가구는 쿠오뜨의 작품이 되었으니까요.
에밀리 디킨슨의 시를 좋아해요. 정전이와 함께 일상을 보내다 보면 「산들은 눈치채지 못하게 자란다」라는 시가 떠올라요. 시의 내용처럼 우리는 거대한 자연의 한 덩어리인 산의 변화조차 눈치채기 힘들어요. 하지만 어느 날 푸르게 변한 산을 감상하며 봄이 왔음을 알 수 있죠. 정전이와 함께하는 삶이 딱 그래요. 매일 같이 시간을 보내다 보면, 거대하게 자라고 있는 사랑의 형상을 발견하거든요. 언젠가는 정전이와 만들어 낸 사랑의 형상을 제품이 아닌, 우리의 '작품'이라는 이름으로 남기고 싶습니다.

글·사진 가제토신 @godashin_official | 에디터 최진영

"I WANT TO GIVE COMFORT THROUGH THE COLOR 'BLACK'. BLACK IS A COLOR THAT CAN EMBRACE ANYTHING. BLACK IS THE COLOR OF LOVE AND UNDERSTANDING."

가영 님만의 독특한 분위기가 풍기는 작품이에요. 자기소개해 주실래요?

안녕하세요! '가제로신Gazeroshin'이라는 이름으로 작품 활동을 하고 있으며, '고나신'이라는 브랜드를 운영 중인 신가영이라고 해요. 최근엔 만화 작품을 준비하며 이삿짐을 정리하고 있어요(웃음). 새로운 보금자리에서 검은 고양이 '신나' '밧드'와 행복한 나날을 보내고 있습니다.

검은 고양이 두 마리와 함께 살고 있기 때문에 어떻게 반려하게 되었냐고 물어보는 분들이 종종 있어요. 사실 저는 중학생 때부터 검은 고양이를 반려하고 싶었어요. 당시만 해도 편견이 만연했던 시절이라서 검은 고양이가 나쁜 기운을 옮긴다는 둥 허무맹랑한 소리가 많았어요. 어린 마음에 그게 더 멋있어 보였어요. 사춘기 시절의 저에겐 모두의 미움을 받는 그 존재가, 늘 사랑받는 존재보다 매력적으로 다가왔거든요. 덕분에 지금 검은 고양이를 두 마리나 반려하게 되었네요.

터무니없는 편견이 가영 님에게 새까만 가족을 만들어 줬군요(웃음).

그렇죠. 만약 고양이를 반려하게 된다면 반드시 검은 고양이를 입양하겠다고 마음먹었거든요. 검은 고양이와 함께하며 제 일상도 많이 변했어요. 처음 아이들과 함께 살았던 집은 반지하였는데, 고양이 두 마리와 같이 살다 보니 천식에 비염까지 생겼죠. 청천벽력처럼 알레르기 진단도 받게 되었고요. 하지만 다양한 방법으로 어려움을 헤쳐 나가고 있어요. 집을 조금 더 깨끗이 정리하고, 공기청정기를 돌리기도 하면서요. 매일 알레르기 약을 챙겨 먹기도 합니다. 가끔 귀찮기도 하지만 가장 힘들 때 제 곁을 지켜준 신나,

밧드를 떠올리면 그건 아무것도 아니라는 생각이 들어요. 오히려 청소하는 습관을 만들어 준 것 같아 고맙답니다. 가끔 우리의 만남이 운명이라는 생각이 들기도 해요. 신나와 밧드는 제 성격을 많이 닮았거든요. 신나는 까칠하긴 하지만 팔베개하고 함께 잠에 드는 따스함을 가지고 있고요. 둥글둥글한 성격을 가진 밧드는 독립적인 편이에요. 두 고양이를 보면 제 모든 부분을 조금씩 빼서 나눠 가지고 있는 것만 같아 신기해요. 신가영이라는 사람을 반으로 나눠 고양이로 만들면 이런 느낌이겠다 싶을 만큼요(웃음).

SNS를 통해 아이들과의 단편적인 일상을 공유하고 있으시잖아요. 일상들을 보다 보면 제 반려묘가 떠올라 웃음이 나기도 해요.

재택근무 덕분에 아이들에 대해 더 많은 것을 알게 되었어요. 우선, 두 검은 고양이 신나와 밧드는 자신들과 닮은 검은색을 정말 좋아해요. 같은 색이라 안정감 있다고 느끼는지 검은 러그 위에서 잠을 자는 걸 좋아하죠. 아이들이 그곳에서 자고 있을지도 몰라 집에서도 조심히 걷는 버릇이 생겼답니다. 발라당 누워 배를 보이며 잠을 자는 모습을 보면 얼마나 마음이 편한 걸까 싶어 흐뭇한 미소를 짓게 돼요.

새 장난감을 사주면 까만 코를 벌렁거리는데요. 그 모습이 제 눈엔 마냥 아가 같아요. 우울함에 빠져 바닥에 누워 있으면 어느새 두 고양이가 곁으로 다가와 잠을 자요. 제가 너무 좋은지 항상 근처에 머물기도 하고요. 그 모습을 보고 있으면 두 아이는 '외로움'이라는 감정을 모르는 고양이구나 싶기도 해요. 사랑 가득한 순간을 함께하면 육묘育描를 참 잘했다 싶어 저 자신이 뿌듯해집니다.

소중한 일상들이 쌓여 '블랙캣 키링'이 탄생했나 봐요.

서울로 상경한 후 처음으로 가위에 눌렸어요. 이후로 종종 귀신 꿈, 무언가 쫓기는 꿈을 꿔서 힘들었죠. 그런데 밧드를 입양한 이후로는 단 한 번도 악몽을 꾼 적이 없어요. 너무 신기해서 찾아보니 고양이는 귀신을 쫓아내는 힘이 있다고 하더라고요. 이 이야기가 마음에 들었어요. 두 아이가 저를 지켜주는 동반자가 된 느낌이 들기도 했고요. 저의 수호신 같은 아이들이니 '인형으로 만들어서 매일 달고 다닐까?' 하는 재미있는 아이디어가 떠올랐습니다. 그렇게 블랙캣 키링을 만들게 되었죠.

두 아이를 모티프로 만든 키링이니, 신나와 밧드의 특징을 담았어요. 눈의 색깔도 아이들의 색과 맞게 세심히 골랐고요. 아마, 이건 검은 고양이 반려인만 알고 있는 비밀일 텐데요. 사실 검은 고양이들의 배에는 몇 가닥의 흰색 털이 있거든요. 이런 작은 디테일까지 빼놓지 않고 만들었어요.

고다신에서는 다양한 작품을 만나볼 수 있는데요. 그중에서도 눈길을 끄는 것은 단연 'Don't Hate Black Cat' 시리즈가 아닐까 싶어요.

검은 고양이에 관련한 작품을 구상할 때였어요. 혹시 영감을 얻을 수 있을까 싶어 이곳저곳에 검은 고양이를 검색해보곤 했죠. 어느 날엔 온라인 번역기에 '검은 고양이'라고 검색했는데, 자동 완성으로 '검은 고양이를 멀리하세요!'라는 문장이 나오는 거예요. 그 순간 화가 났어요. 그 마음을 담아 'Don't Hate Black Cat' 시리즈를 만들었어요. 종종 검은 고양이를 멀리하거나 미워하는 사람들을 만나잖아요. 기성세대들은 더 많은 편견을 가지고 있고요. 그 인식을 바꾸고 싶어 더 힘주어서 외치게 되네요. "검은 고양이를 미워하지 마세요. 호박색 눈을 가진 귀여운 아이들이니까요" 하고요.

사람들은 왜 검고 어두운 것들에 편견을 가질까요? 어두워도 어두운 채로, 그 본질을 사랑해 주면 좋을 텐데요.

작업을 처음 시작했을 때부터 '검정'이라는 색을 메인으로 작업했어요. 어둠으로 위로해 주는 사람이 되고 싶었거든요. 우리는 밝은 빛깔에 까만색 한 방울이 섞여 있으면 그걸 오염이라 생각해요. 하지만 어둠은 어떤 색이든 포용하고 허용할 수 있어요. 전 그런 까만색 같은 그림을 그리고 싶어요. 누구든지 안아줄 수 있는 그림이요.

제 작업에 많은 영향을 준 반려묘, 신나와 밧드에 항상 고마움을 느껴요. 아이들은 저의 불안감에 안정을 선물했고, 우울감에 행복을 선물했어요. 검은 고양이들 덕분에 밝은 감정을 담은 그림을 그릴 수 있게 되었죠. 저에게 몰려온 슬픔도 이해할 수 있을 만큼 제 그릇이 커지기도 했습니다. 모든 감정을 가르쳐 준 두 아이에게 고마울 뿐입니다.

사람들은 언제나 빛을 쫓아가죠. 옆에 있는 검은 고양이의 털이 얼마나 윤기가 나는지도 모르면서요.
동감해요! 처음 두 검은 고양이를 반려했을 때만 해도 시선이 곱지 않았어요. 지인들조차 냉랭한 반응이었으니까요. 이제는 인식이 점차 좋아지고 있죠. 많은 분이 검은 고양이를 사랑해 주고 있기도 하고요. 그 사랑이 더 커질 수 있도록, 앞으로도 검은 고양이 애호가로 활동할 예정입니

다(웃음). 제 작품에는 검은 고양이가 자주 등장해요. 고양이는 주인공의 곁에서 똘망한 눈을 반짝이고요, 그의 품 안에 가만히 안겨 있기도 해요. 검은 고양이는 그런 방식으로 주인공을 위로해 줘요. 외로운 그는 고양이의 존재만으로 안정을 느낍니다. 제가 신나와 밧드를 통해 다양한 감정을 느낀 것처럼요. 멜로우메이트 여러분도 검은 고양이가 전하는 사랑을 느껴 보시길 바랄게요.

CARVE
A LITTLE
MAGIC

팔뚝 아래 작은 마법을 새기다

달리기를 하듯이 헤엄을 치듯이 검은 고양이가 어깨를 타고 흘러 내려옵니다. 스르륵 팔뚝의 가장 판판한 곳에 정착한 고양이는, 그의 털만큼이나 까만 펜촉을 만나 완성되죠. 검은 고양이는 그린 이의 손길을 머금어 더욱 완벽해졌습니다. 아마도 까맣게 빛나는 털처럼 반짝이는 애정을 알고 있나 봅니다.

글·그림 권순범 @soonbomb | 에디터 최진영

안녕하세요, 멜로우에 고양이 없이 등장하신 분은 순범님이 처음이에요(웃음).
안녕하세요. 저는 타투이스트 권순범입니다. 고양이를 좋아하지만 여러 가지 사정 때문에 고양이를 반려할 수 없는데요. 그 애처로운 마음을 타투 작업을 통해 해소하고 있습니다. 저는 우연한 기회로 타투를 시작하게 되었어요. 대학 시절 호주로 워킹 홀리데이를 갔었는데요. 내성적인 편이라 쉬는 날에도 줄곧 숙소를 지켰어요. 시간이 남아서

낙서처럼 그림을 그렸는데, 이게 생각보다 재밌더라고요. 돈을 아껴야겠다고 생각해 거리에 떨어진 타일 조각들을 주워 와 본격적으로 그림을 그리기 시작했어요. 그렇게 시간을 보내면서 막연하게 그림과 관련된 일을 하고 싶다고 생각했었죠. 이후 한국으로 돌아와 반려견 동반 카페에서 아르바이트를 했는데요. 일을 하며 가게에 자주 들르시는 타투이스트분과 친분을 쌓게 되었어요. 그렇게 우연한 기회로 타투이스트가 되었습니다.

타투에는 다양한 것들이 담기잖아요. 꽃, 구름, 인상적인 글귀… 그중에서도 검은 고양이를 타투에 담게 된 이유가 있나요?

예전부터 검은 고양이를 반려하고 싶었어요. 하지만 제가 천식과 알레르기가 정말 심해서 고양이와 접촉이 힘들거든요. 현실적인 문턱에 부딪히고 만 거죠. 그러던 중, 문득 이런 생각이 들더라고요. '반려하지 못한다면, 나의 몸 한 구석에 고양이들을 새기면 되지 않을까' 하는 장난스러운 생각이요. 겸사겸사 저처럼 사정이 있어 아이들을 반려하지 못하는 분들에게 위안이 되길 바라기도 했고요. 그렇게 검은 고양이를 새기게 되었어요.

그렇다면 검은 고양이에 빠지게 된 계기가 있을까요? 둘의 첫 만남이 궁금해요.

한창 열심히 다이어트를 할 때였어요. 길을 걷는데 비닐봉지 같은 게 날아다니더라고요. '혹시 다이어트를 너무 열심히 해서 헛것이 보이나, 저건 무슨 생명체일까' 하는 궁금증에 가까이 다가갔는데, 알고 보니 검은 고양이더라고요(웃음). 까만 덩어리 한가운데서 노란 눈이 깜박이는데

그냥 홀릴 수밖에 없었죠.

검은 고양이의 가장 큰 매력은 '알 수 없음'에 있는 것 같아요. 형태도, 성격도, 무얼 하고 있는지도. 온통 까만색이니 자세히 들여다봐야 알 수 있어요. 그 점이 매력적으로 다가왔습니다. 그 후 이런 검은 고양이들의 특성을 타투로 녹이면 어떨지 생각하게 되었고, 타투 작업을 진행했어요. 이제 검은 고양이는 제 트레이드 마크가 되었네요.

가장 처음 작업한 검은 고양이는 어떤 아이인가요? 소개해 주실래요?

너무 예전에 작업했던 지라 잘 기억은 안 나지만… 떠올려 볼게요(웃음). 처음부터 지금의 그림체로 작업을 한 건 아니었어요. 초기작들은 검은 고양이를 사실적으로 묘사했어요. 고양이의 스토리를 담는 작업이 아니라, 그 자체를 담는다는 생각으로 묘사에 집중했거든요. 검은 고양이에 더욱 빠지게 된 이후에 지금과 같은 스타일로 정착하게 되었어요. 많은 연습 끝에, 만화 속 캐릭터 같은 지금의 스타일이 잡혔고요. 처음에는 제 검은 고양이들이 너무 단순한 건 아닐지 고민이 많았죠. 그런데 한 손님께서 제 도안을

보시곤 무척 마음에 든다며 작업 제의를 해주셨어요. 그 덕분에 그림에 자신감도 생기고, 지금의 스타일을 확고히 다질 수 있었던 거 같아요.

순범 님의 손에서 태어난 고양이들은 마법을 부리기도 하고, 마녀로 변신해 장난을 도모하기도 해요.
동화 같은 작품을 하고 싶었어요. 어릴 적 좋아하던 만화나 동화 속에는 매일 듣도 보도 못한 신기한 마법이 가득하잖아요. 그리고 검은 고양이들이 마녀와 짝을 이뤄 등장하고요. 으스스하고 무서운 느낌보다는, 동화 속 귀여운 마녀와 그의 짝꿍 고양이처럼 유쾌한 느낌으로 풀어내고 싶었죠. 그래서인지 작업을 할 때 판타지 요소나 마법에 관련된 요소를 넣는 것 같아요.
저는 〈핀과 제이크의 어드벤처 타임〉이라는 애니메이션을 좋아하는데요. 이 작품에서도 영감을 받았어요. 만화 속 등장인물들은 항상 다양한 포즈를 자유자재로 뽐내죠.

역동적이기도 하고 우스꽝스럽기도 해요. 이런 율동감을 도안에 담아보면 좋겠다 싶더라고요. 동적인 포즈를 활용하면 고양이가 담고 있는 스토리를 표현하기 쉽잖아요. 지금도 작업을 하다 아이에게 더 감정을 넣어주고 싶을 때면 애니메이션의 장면들을 참고합니다.

이렇게 탄생한 고양이들은 누군가의 일부가 되어 일상 속에서 작은 마법을 부리고 있네요.
최근에 외국인 손님께서 타투를 받으셨어요. 그분은 크루즈 승무원이셨는데, 고양이를 정말 사랑하지만 장기간 여러 나라를 항해해야 해서 고양이를 반려하진 못 하셨대요. 그런데 최근에 크루즈 승무원 일을 그만두게 되었다고, 그 기념으로 작은 돛단배에 탄 고양이를 새기고 싶다고 하시더라고요. 그분의 팔에 바다를 항해하는 검은 고양이와 반짝이는 별 하나를 그려 넣었죠. 그 분의 여행은 끝났지만, 매일 여행하는 고양이와 함께하게 되었어요.

작업한 모든 도안이 추억으로 남아있어요. 반려묘의 이름이 '펌킨'이라서 호박을 들고 있는 고양이를 의뢰하신 분도 있고요. 고양이를 반려하는 제빵사분은 빵을 굽고 있는 고양이를 새기신 경우도 있어요. 음악가에겐 기타를 치는 고양이를, 한국을 좋아하는 외국인 손님에겐 소주를 안고 있는 고양이를 입양해 드리기도 했죠. 여러 이야기를 가진 고양이들 덕분에 작업이 매일 즐거워요.

사람들은 깊은 의미를 담아 자신의 일부에 타투를 새겨요. 그 타투를 새기는 사람, 순범 님에게 검은 고양이는 어떤 의미일까요?

다양한 사연을 가진 분들이 저를 찾아오세요. 반려묘를 새기시는 분, 무지개다리를 건넌 고양이를 기억하러 오시는 분, 저처럼 고양이를 반려하고 싶지만 사정 때문에 반려를 하지 못해서 그림으로나마 입양하러 오시는 분까지(웃

음). 작업을 하며 손님들과 많은 대화를 나누는데요. 고양이를 새기는 것만으로도 위로받았다고 하시는 분들이 많아요. "나도 있다 고양이"를 외치며 즐거워하는 분들도 많고요. 타투를 받고 행복해하는 분들을 보면 고양이와 제가 선물한 진심이 손님들께 닿은 것 같아 보람차요.

고양이를 보고 있으면 귀엽기도 하지만 마음이 안정되는 느낌이에요. 단순히 고양이를 좋아해서 시작한 일인데 많

은 분이 사랑해 주시니 감사하기도 하고요. 저의 작업물을 빛내 준 세상의 모든 검은 고양이들에게 이 영광을 돌려야겠죠? 작업을 시작한 시기는 저에게는 암흑 같았어요. 어둡고 힘들던 날들인 줄 알았는데, 그 시절 저는 검은 고양이의 품 안에 안겨 있었나 봐요. 고양이의 빛나는 눈 덕에 힘든 날들을 잘 지나 올 수 있었으니까요.

빨간 하늘에 날벼락이다. 고양이의 혓바닥보다 붉은 도시의 하늘은 오늘도 야단법석이다. 이것은 곧 검은 히어로가 나설 시간이란 뜻. 히어로는 자리를 툭툭 털고 나와 혼돈 속 주민들을 진정시킨다. 요란스레 웃는 토끼를 가라앉히고, 세 눈박이 외계인을 훈방 조치한다. 혼란스러운 네온 빛깔이 가득한 이곳, 가리봉 시티는 검은 고양이의 등장에 비로소 조용해진다.

글·그림 모스플라이 @mothfly_studio | 에디터 최진영

네온의 도시 속 어둠의 히어로

빨간 하늘, 걸어 다니는 토끼와 새초롬한 눈빛의 검은 고양이까지! 이곳은 어디죠?

어서오세요. 여기는 '가리봉 시티'입니다. 높은 채도의 색으로 이루어진 이곳에서는 매일 만화 같은 일들이 벌어지죠. 저는 이 가리봉 시티를 만든 일러스트레이터 모스플라이 Mothfly라고 하고요. 단편적으로 그렸던 낙서를 활용해 이 도시를 구상했어요. 틈틈이 끄적이던 스케치들이 모여 지금의 작품을 만든 거죠. 가리봉 시티라는 큰 주제를 일러스트, 판화, 페인팅 등의 방법을 통해 풀어내고 있습니다.

가리봉 시티가 세상에 나오기까지는 아주 슬픈(?) 사연이
있다고 들었어요. 도시 전설로만 내려오던 탄생 설화를 이
야기해 주실래요?

를 했던 플랫폼도 제가 이용하던 가상화폐 플랫폼이었습
니다. 투자의 실패를 작품 판매로 조금이나마 메꿔 보려 한
거죠. 현재는 다양한 형태로 작품을 판매 중입니다. 그래도

적어둔 것이 묘한 느낌을 주더라고요. 가리봉, 그곳은 실제로 존재하는 동네이기도 하고 제가 유년 시절을 보낸 동네이기도 하죠. 조금은 거칠고 촌스럽게 느껴질 수 있는 지명입니다. 현재는 '가산'이라는 지명으로 대체됐고요. 모두의 기억 속에서 '가리봉동'이라는 동네가 사라져 버리기 전에 제 작품 속 배경으로 만들어 주고 싶어 '가리봉 시티'라는 이름을 붙여 주었습니다.

이곳에 살고 있는 주민들이 궁금해지는 순간이네요.

이 도시는 이전에 끄적여 둔 낙서를 기반으로 만들었기 때문에 일상적인 경험과 기억들이 작품 곳곳에 흩어져 있습니다. 캐릭터들도 계획적으로 구상했다기보다는 마음과 손이 가는 대로 만들었어요. 그러다 보니 애정이 생겨 이름을 붙여주기도 하고, 개인적인 모습을 투영시키기도 했습니다. 때문에 작품을 다시 돌아보면 자화상 같다는 느낌도 들어요.

그러면 우리 가리봉 시티의 주민 몇 분을 소개해 볼게요. 우선 박존버씨는 인사드렸죠? 세 눈박이 외계인인 그에게

는 앞서 말씀드렸다시피 슬픈 사연이 있습니다. 존버 씨에겐 우유부단하지만 가끔은 저돌적인 제 모습을 투영시켰어요. 다음은 매두벅Madoobuck씨. 두벅씨는 제 낙천적인 성격을 빼다 박았죠. 미치도록 긍정적이신 분이라 문득 미친 토끼가 떠오르더군요. 앞니가 톡 튀어나온, 어딘지 모르게 미치도록 밝은 광기를 느낄 수 있는 그런 토끼 말이에요. 특징을 살리기 위해 'Mad'를 활용해 '매두벅'이라는 이름을 붙여 주었습니다. 마지막으로 흰떡에 콩이 콕콕 박힌 백설기를 닮은 고양이, 백설기Baek Seolgi를 소개할게요. 이 친구는 무지개다리를 건넌 제 반려묘 '백설기'가 모델이 되어주었습니다. 백설기가 그리울 때마다 그림을 그리곤 합니다.

여러 사연을 가진 주민들이 모여 사는 도시군요. 그런데, 아까부터 저를 노려보던 저 검은 고양이는 누구인가요?

빼놓을 수 없는 등장인물이에요. 이름은 '구공탄'입니다. 저의 반려묘이자 가리봉 시티의 주민인 까만 고양이죠. 까칠하지만 늘 저의 곁에 붙어 있습니다. 애교를 부리다가도 조

금만 수가 틀리면 바로 화를 냅니다. 하지만 그것이 구공탄의 매력이라 할 수 있죠. 제 작품은 '내가 좋아하는 것들의 조화'입니다. 구공탄이를 그림으로 그려야겠다는 생각으로 아이를 그린 건 아니에요. 그냥 좋아하는 것들을 자주 그리다 보니 자연스럽게 구공탄이가 등장하게 되었습니다. 집에 있을 때면 계속 주위를 머무니, 작품의 빈 곳에 자주 구공탄이를 그려 넣습니다. 아이와의 일상은 이런 식으로 작품에 반영되곤 합니다.

그래서 숨은그림찾기 마냥 검은 고양이가 등장했군요. 비

하인드를 알게 되니 작품이 더 친숙하게 느껴지네요.
구공탄이를 통해서도 많은 아이디어를 얻곤 합니다. 평소 형광등을 잘 켜지 않는 편인데요. 그러면 어둠 속에서 반짝이는 구공탄이의 눈을 보는 것이 재밌습니다. 그림자 속에 숨어 꼬리를 흔드는 것도 귀엽고, 몸을 맞대면 골골대는 진동이 퍼지는 것도 정말 좋습니다. 이른 아침에는 어서 일어나 자기를 쓰다듬어 달라며 고래고래 소리를 치기도 하는데요. 칭얼거리는 모습까지도 저에게는 소중합니다. 아이와의 모든 순간이 외로움과 스트레스를 날려주는 것 같다 생각이 들었어요. 저를 지켜주는 것 같기도 했고요. 이런 일상은 짧은 카툰 작업의 모티프가 되기도 했습니다.
때론 일상이 고스란히 작품에 담기기도 합니다. 공탄이는
보시다시피 검은 털을 가진 고양이입니다. 그 때문에 작업
을 할 때 작품에 공탄이의 털이 묻을 때가 있어요. 아무리
조심해도 완성된 작품 속에 공탄이의 까만 털이 콕콕 박혀
있을 때가 많습니다. 작품이 다 건조되기 전에 털을 떼내긴
하지만, 이미 물감이 다 건조된 상황에서는 털을 어떻게 할
수 없어요. 그럴 땐 그냥 못 본 척 포기해 버립니다. 아크릴
액자를 사용할 때도 정전기 때문에 의도치 않게 공탄이의
털이 들어가기도 하고요. 이 자리를 빌려 제 그림을 구매하
신 모든 분께 양해를 구하고 싶군요(웃음).

**현실 세계의 구공탄은 작가님의 손을 거쳐 가리봉 시티의
히어로가 된 것만 같기도 해요. 마치 가리봉의 〈블랙팬서〉
라고 할까요?**
앞서 이야기한 대로 공탄이를 통해 큰 힘과 위안을 얻습니
다. 그런 모습을 보면 공탄이는 정말 작은 히어로 같아요.
그리고 때로는 말 그대로 '영웅'처럼 보이는 순간도 있고요.
제가 유일하게 무서워하는 벌레인 바퀴벌레를 아무런 망
설임 없이 턱턱 잡거든요(웃음). 한번은 제가 자는 사이에
바퀴벌레를 사냥해서 저에게 선물한 적도 있습니다. "으악"
하고 소리를 지를 뻔했지만, 고양이의 진심을 욕되게 할 순
없잖아요? 최대한 태연한 척 바퀴벌레를 처리한 뒤에 칭찬

을 해줬던 기억이 나네요. 이런 용맹함을 보면 외계인이 침
공했을 때도 당연히 고양이들이 달려와 지구를 구하지 않
을까 하는 생각이 듭니다. 그렇기에 혼돈과 혼란이 가득한
가리봉 시티에서도 주민들은 평화로운 일상을 보낼 수 있
죠. 까만 히어로 구공탄이 그들을 지켜 주니까요.

**검은 털을 입은 히어로의 노력 덕분에 오늘도 이 도시는 아
름다운 밤을 맞이하게 되었군요(웃음).**
맞습니다. 가리봉 시티의 평화는 모두 공탄이 덕분이지요.

일이 없는 날에는 편히 쉬는 편인데요. 제가 축 늘어져 여
유를 즐길 때면 공탄이는 꼭 옆에 붙어 눕습니다. 그 시간
을 정말 좋아합니다. 그렇게 함께 늘어져서 음악을 듣거나
술을 홀짝이거나 영화를 보기도 하죠. 제가 가장 좋아하는
시간이기에 매두벅씨의 모습을 빌려 그 순간을 표현하곤
합니다.

**언제나 유쾌한 이곳, 밤이 되면 검은 고양이의 두 눈이 빛
나는 도시! 가리봉 시티를 떠나고 싶지 않아요.**

다소 무겁고 우울한 주제의 작품을 그리더라도 애니메이션 〈심슨 가족〉이나 〈사우스 파크〉처럼 유쾌하게 풀어내고 싶어요. 작품의 모태가 된 낙서들도 사회생활을 하며 받았던 스트레스와 불안감을 해소하기 위해 그렸던 그림입니다. 그 낙서들이 일종의 도피처였죠. 그렇기 때문에 지금의 작품에서도 즐거움을 찾을 수 있는 것 같아요. 계속 즐거운 느낌을 유지하며 작품 활동을 하고 싶어요. 제 작품이 많은 분들의 도피처가 되길 바랍니다.

작품 속 공탄이와 설기의 모습을 보고 좋았다고 말씀해주시는 분들이 많습니다. 그런 후기를 접할 때면 제가 반려묘를 통해 느끼는 감정이 전달된 것만 같아 더욱 행복합니다. 앞으로도 공탄이와 함께하는 순간들을 그릴 계획입니다. 물론 설기의 모습도요. 두 아이는 작품의 주인공보다는 감초 역할을 자주 했죠. 지나가는 역할이나 빼꼼 모습을 드러내는 정도로요. 이제는 두 아이가 주인공이 되어 가리봉 시티를 이끌어 나가는 작품을 그려볼 생각입니다. 멜로우메이트 분들도 공탄이와 설기의 활약을 기대해 주세요. 그럼 웃음과 고양이가 넘쳐나는 가리봉 시티에서 다시 만나요.

The main
character of this
scene is you

글·사진 윤나라 @oonaraoo | 에디터 유하림

누군가는 그들을 보며 저주를 떠올리겠지요. 오로지 검다는 이유만으로요. 그렇지만
괜찮습니다. 그 속에 얼마나 반짝이는 사랑이 자라고 있는지 우리는 알고 있잖아요.
그들을 보며 한 아름의 사랑을 실감합니다. 품속에 가득히 그들을 꺼안고 주문을 외워
볼까요. 어떤 저주도 통하지 않는 굳고 찬란한 사랑의 주문을요.

**안녕하세요! 나라 님의 작품을 보면서 학창 시절을 보냈는
데, 이렇게 인터뷰를 할 수 있게 되어 무척 설레네요.**
안녕하세요. 저는 애니메이터 윤나라입니다. 애니메이터
는 극 중에 나오는 모든 동작을 연출하는 직업입니다. 눈으
로 볼 수 있는 다양한 움직임에 생명을 불어넣는 일이죠.
세세한 손가락의 움직임이나, 속눈썹이 깜박이는 것까지
세밀하게 작업해요. 그동안 애니메이터로 활동하면서 꽤
나 많은 작품을 진행했는데요. 〈쿵푸팬더〉를 시작으로, 〈슈
렉3〉 〈겨울왕국〉 그리고 〈드래곤 길들이기〉를 만들었어요.
그 중에서도 〈드래곤 길들이기〉는 애착이 가는 작품이에
요. 저의 반려묘였던 검은 고양이 '비비'를 생각하며 작업해
서인지 기억에 남아요.

**저도 나라 님의 작품 중에 〈드래곤 길들이기〉를 가장 좋아
해요. 주인공 '투슬리스'의 팬이거든요.**
사실 작품을 처음 맡았을 때는 부담감이 컸어요. 당시 4년

차 애니메이터였지만 스스로를 신입이라고 생각하고 있었
거든요. 주위에 워낙 잘하는 분들이 많아 주눅이 들기도 했
고요. 게다가 네 발로 걷는 동물을 그리는 것이 익숙하지
않았어요. 직전 작품이었던 〈슈렉3〉의 당나귀 '동키'를 통해
어떻게 그리는지 겨우 알게 된 정도였죠. 그런데 발이 네
개나 달린 데다 날아다니기도 하는 드래곤을 그려야 했으
니 무척 어렵게 느껴지더라고요(웃음). 그나마 다행이었던
건 드래곤 캐릭터마다 동물 레퍼런스가 있었다는 점이었
죠. 동물에 비유해서 생각해보니 전보다 쉽게 다가왔어요.

**투슬리스는 어떤 동물을 레퍼런스로 작업하신 건가요? 왠
지 알 것 같지만요(웃음).**
예상하신 것처럼 투슬리스는 고양이를 참고했어요. 외톨
이라는 설정 때문이었죠. 고양이들은 독립적인 성격으로
혼자 지내는 것을 즐기니까요. 그리고 슬금슬금, 그림자 속
에서 돌아다니는 모습이 고양이와 비슷했어요. 그렇지만

주인공 '히컵'과 가까워지면서는 애교도 많아지고, 사랑스럽게 변하죠. 이 또한 고양이를 닮았어요. 가까워질수록 사람과 유대를 나누며 다정한 면을 보여주잖아요.

투슬리스는 거대한 고양이에요. 개인적으론 비비와 꼭 닮은 검은색 드래곤이라 더 애정이 생겼답니다. 비비가 저의 레퍼런스이자 영감이 되어주었죠. 지금도 떠오르는 몇몇 장면이 있는데요. 이를테면 투슬리스는 장어를 정말 싫어해요. 히컵이 그 사실을 모르고 장어를 건네줄 때 눈을 찌푸리면서 움츠러들어요. 그 장면은 비비가 재채기하는 모습에서 영감을 받은 거예요. 아이가 조금 특이하게 재채기를 했거든요. 눈을 질끈 감고 고개를 흔드는데, 딱 투슬리스가 떠오르더라고요. 그리고 투슬리스가 풀밭에서 몸을 뒹구는 장면은 캣닙 냄새를 맡으며 좋아하는 비비의 모습을 보고 작업했어요. 이렇게 비비가 있었기 때문에 그림을 그리는 게 훨씬 수월해졌답니다. 처음엔 부담스럽게 다가왔던 작업도 아이와 함께하며 점점 재미있어졌고요.

둘은 닮은 점이 많네요. 영화를 볼 때마다 아이가 떠오르실 것 같아요.

맞아요. 특히 히컵과 투슬리스가 친해지고 난 뒤의 성격이 정말 닮았어요. 사람을 좋아하고, 애교가 많다는 점이 비슷하죠. 같이 드래곤 길들이기를 작업하는 동료들에게 레퍼런스로 사용하라며 비비의 영상을 전달할 정도였어요. 한 가지 다른 점이 있다면 투슬리스는 질투가 많아요. 비비는 질투도 없고, 성격이 정말 좋은 아이였죠. 처음 만났을 때부터 그랬어요. 사실은 비비를 입양하게 된 것도 아이의 사랑스러운 성격 덕분이었거든요. 비비를 입양할 당시 〈슈렉 3〉를 작업하고 있었어요. 그래서 영화에 나오는 '장화 신은 고양이'를 닮은 치즈 고양이를 만나고 싶었죠. 그런 마음으로 보호소에 갔는데 작고 귀여운 검은 고양이가 제 품에 안기면서 장난을 치더라고요. 그래서 마음을 바꿔 비비를 데려오게 되었어요. 블랙 뷰티Black Beauty라는 뜻으로 비

이름의 의미가 '검은색의 아름다움'이었다니… 뜻깊어요.

비비를 반려하기 전까지만 해도 검은 고양이에 대한 편견이 존재한다는 걸 몰랐어요. 보호소에서 검은 고양이를 입양하려면 신상 정보를 자세히 작성해야 했는데요. 검은 고양이에 대한 미신으로 인해 나쁜 의도로 입양하는 경우가 있어서 그렇다고 하더라고요. 그때 편견이 존재한다는 걸 깨닫게 되었어요. 하지만 검은 고양이 중에선 다정한 성격의 아이들이 많잖아요. 말도 안 되는 미신으로 인해 미움을 받는다는 게 마음이 아팠어요. 물론 검은 고양이를 반려하지 않은 사람들은 잘 모를 수도 있다고 생각해요. 그들에게 검은 고양이란 밤에 활동하고, 길거리에서 쓰레기통을 뒤지는 으스스한 이미지로 그려질 거예요. 그렇지만, 기회를 준다면 언제든 가족이 될 수 있다는 걸 알아줬으면 해요. 편견으로 대한다면 그 안에 숨겨진 아이들의 다정함을 알 수 없으니까요. 히컵이 투슬리스를 대하듯이 더 이해하려고 하고, 보듬어주려고 하면 그 편견은 모두 사라질 것이라 생각합니다.

히컵과 투슬리스가 어쩌면 나라 님과 비비의 모습이 아닐까 싶어요. 서로에게 가장 소중한 파트너이면서, 사람들의 편견을 뒤바꾸는 관계였으니까요.

비비는 제일 친한 친구이면서, 가족이에요. 동시에 〈드래곤 길들이기〉를 작업하면서 느꼈던 두려움을 설렘과 재미로 만들어준 뜻밖의 행운이기도 하고요. 비비는 2022년에 열네 살의 나이로 무지개다리를 건넜어요. 떠나기 직전까지 병으로 인해 힘들어했지만 끝까지 다정한 고양이였어요. 당시 제 큰딸이 7개월이었는데 투병 중에도 딸을 돌봐 주고 함께 시간을 보냈거든요. 마지막까지 자상하고 사랑스러운 고양이였습니다. 아이가 떠나던 날이 아직도 어제 일처럼 생생해요. 다시는 고양이를 반려하지 말아야겠다고 마음을 먹었을 만큼 힘들었어요. 그럼에도 제게 정말 소중한 추억을 남겨준 고마운 아이예요. 여전히 비비를 생각하

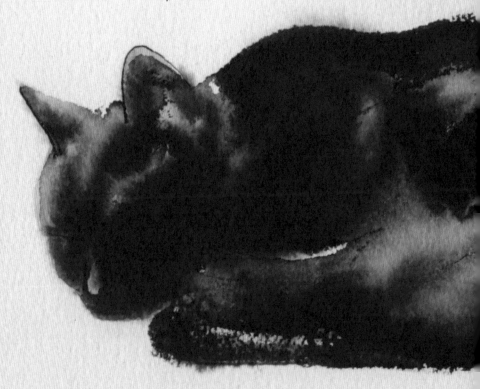

종이를 물들이는 행운의 색

LUCKY COLOR
THAT COLORS
THE PAPER

백색의 종이 위에 먹을 떨어뜨린다. 물과 섞인 검은 물감은 어디로 향할지 모른다. 예상할 수 없고, 예상할 수 없어 더 아름다운 고양이처럼. 우연히 뻗어나간 선 하나가 한 가닥의 털이 된다. 우연이 행운이 되는 순간이다. 종이를 물들인 수많은 선은 부드러운 털이 되어 검정의 고양이로 다시 태어난다. 이토록 완벽한 그림을 완성하는데 필요한 건 검은색, 딱 하나뿐이다.

글·그림 엔드레 페노바크 @endrepenovac | 에디터 유하림

안녕하세요, 엔드레 작가님. 한국에 인사하는 건 처음이
라고 들었어요. 멜로우에서 소개할 수 있어 영광이에요.
안녕하세요. 저는 헝가리 예술가 엔드레 페노바크Endre
Penovác입니다. 저는 주로 수채화를 사용해서 검은 고양
이를 그리고 있어요. 검은 고양이를 만나게 된 건 우연한
계기였어요. 어느 날, 제 아이들이 작은 고양이 한 마리를
집으로 데려왔거든요. 고양이에게 보씨Boszi라는 이름을
선물했죠. 시간이 흐르면서 보씨는 검고 풍성한 털을 가지
게 됐어요. 물론 몸집도 커다래졌고요. 보씨를 향한 저의
마음도 점점 커졌답니다. 하지만 그때까지도 고양이를 그
리거나, 수채화를 쓰는 것에는 큰 관심을 두지 않았어요.

그럼 어떤 계기로 검은 고양이를 그리기 시작한 건가요?

오랜 기간 보씨와 함께하면서, 자연스럽게 아이를 그림으로 남겨보고 싶다는 생각이 들었어요. 거창한 의미가 있다기보다 단순히 저와 가까운 주제를 선택한 거예요. 익숙한 대상을 묘사함으로써 더욱 깊은 의미를 전달할 수 있다고 믿거든요. 수채화로 고양이를 그리게 된 것도 도구와 주제가 우연히 만나서 시작된 일이에요. 우연에서 생겨난 행운이랄까요. 수채화는 물에 닿으면 의도하지 않은 곳, 상상하지 못한 곳으로 퍼져나가요. 동시에 구체적인 의도를 담아 정밀하게 표현하는 것도 가능하죠. 이런 이중성을 가지고 수채화로 그린 고양이 작품이 완성되었어요. 그 그림은 제 마음을 사로잡았죠. 지금 생각해보니 수채화로 그림을 그리는 과정이 까칠하면서도 다정한 고양이의 이중적인 성격과도 닮았네요.

수채화와 고양이가 비슷한 성격을 지니고 있다는 게 굉장히 흥미로워요. '예측할 수 없다'는 공통점도 매력적이고요. 제 모든 그림은 그런 이중성에 기반을 두고 있어요. 계획할 수 없는 순간을 계획한다고 말해야 할까요? 종이 위에서 생겨나는 예상치 못한 순간들, 돌발적인 상황이 작품의 기초라 할 수 있죠. 합리적이고 계산된 요소와 감정적이고 무작위적인 요소들의 만남이에요. 요약하자면 '정반대의 조화'입니다. 이를 전달하기 위해선 수채화와 먹의 표현이 가장 적합해요. 젖은 종이 위에 수채 물감이나 먹을 번지게 하면 고양이의 부드러운 털을 효과적으로 그려낼 수 있거든요. 수채 물감이 물에 닿아 종이 위로 퍼져나갈 때 굉장히 자연스러운 느낌으로 묘사가 돼요. 바로 이 순간에 행운이 찾아올 가능성이 생겨요.

저는 늘 이런 점들을 고려하며 작업해요. 때로는 예상치 못한 것들이 작품을 완성시킬 때가 있거든요. 처음 상상했던 그림보다 더 정교하거나, 매력적인 그림이 나오기도 하죠. 물과 물감은 예상치 못한 기적을 만들곤 하거든요. 삶에서 기적을 바라는 것처럼 예술에서도 기적을 원하기에 이 표현법을 좋아하는 것 같기도 해요.

가님의 그림을 보고 있으면 검은색이 지닌 고유의 아름
다움이 느껴져요.

고맙습니다. 하지만 사실, 검은색은 제게 상징적이거나 특
별한 의미를 지니지는 않아요. 종이는 흰색이고 먹은 검은
색인지라, 흑과 백의 대비를 통해 강렬한 효과를 낼 수 있는
점 정도랄까요? 처음 검은색을 선택한 이유도 큰 의미가 없
었어요. 검은 고양이를 그리려고 하다 보니 당연하게 선택
한 색이었죠. 하지만 지금은 검은색으로 다양한 음영을 표
현하고 있어요. 물감의 농도를 조절해 한 가지 색깔로도 여
러 가지 기분과 느낌을 전달하려고 노력하죠. 부드럽거나,
거칠거나, 온화하거나, 혹은 공격적일 때도 있어요. 검은색
은 무수한 가능성을 가진 색이라고 말할 수 있겠네요.

**검은색은 다양한 감정을 머금은 색이군요. 마치 작가님의
고양이 보씨처럼요.**

보씨는 어렸을 때부터 활력이 넘치는 아이였어요. 종종 변
덕스럽기도 했고 항상 예상을 빗나갔죠. 저는 꽤 긴 시간 동
안 여러 마리의 고양이를 반려해왔어요. 그중 첫 번째 검은
고양이가 바로 보씨였답니다. '보씨'라는 이름은 헝가리어
로 '마녀Boszorkány'라는 단어의 줄임말이에요. 아이의
당당한 성격과 마녀의 이미지가 무척 잘 어울린다고 생각
해서 붙인 이름이죠.

2023년의 늦여름, 보씨는 세상을 떠났어요. 이제는 가족들

과 보씨를 담은 작품들을 보며 자연스레 함께했던 추억을
떠올려요. 그리고 소중했던 순간들에 대해 이야기 나누곤
하죠. 아이가 보여줬던 몸짓이나 표정을 생각하면서 보씨
는 그때 행복했을까, 즐거웠을까 대화를 나눠요. 그렇게 보
씨를 추억하다 보면 아이의 빈 자리가 메워지는 느낌이 들
기도 해요. 여전히 이 검은 고양이가 제 안에 살아 숨 쉬는
것 같습니다.

**작가님의 삶과 검은 고양이가 단단하게 얽혀 있다는 느낌
이 들어요.**

보씨가 여러모로 작업에 지대한 영향을 끼쳤죠. 저는 마음
을 다해 보씨를 사랑했어요. 사랑하는 검은 고양이가 담긴
그림들은 제 세계관을 가장 명징하게 보여줄 수 있는 작품
이에요. 검은 고양이와 제 삶은 애정, 변덕, 그리고 사랑 같
은 감정들로 얽혀 있으니까요. 보씨는 늘 멋있고, 늠름하고
품위가 있었어요. 아마도 검은 털이 길고 풍성해서 더욱 그
렇게 느껴졌던 것 같아요. 제 곁에서 그루밍도 하고, 멀찍이
앉아 그림 그리는 모습을 지켜보기도 했죠. 시간이 흘러 작
별의 순간이 다가왔을 때에도 평생 보여주던 모습 그대로
우아하게 떠났답니다. 그러니 만약 제 작품 속에서 아이의
특성이 드러난다면 그건 '우아함'일 거예요. 아이와 나눴던
겹겹의 시간은 의도하든 의도하지 않았든 작품에 담겼을
테니까요.

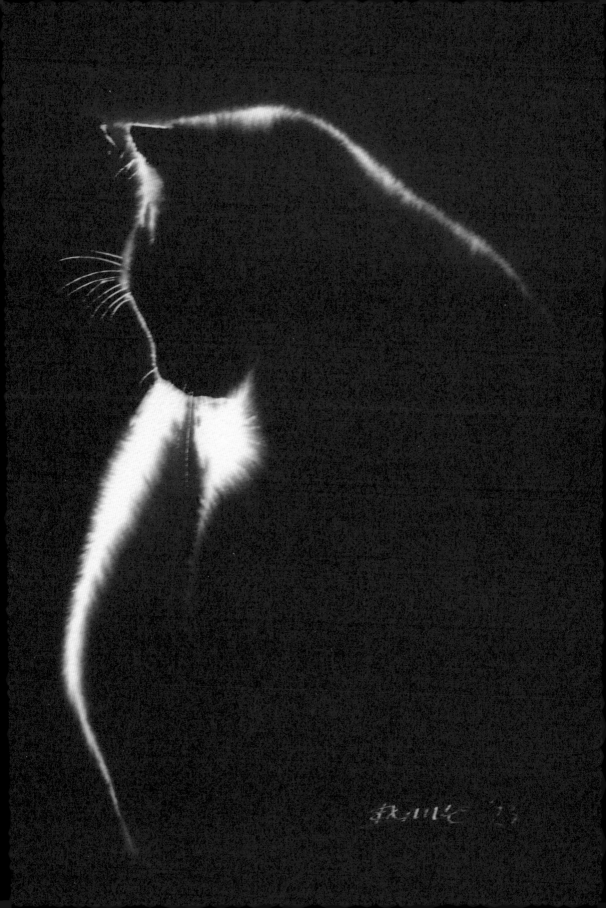

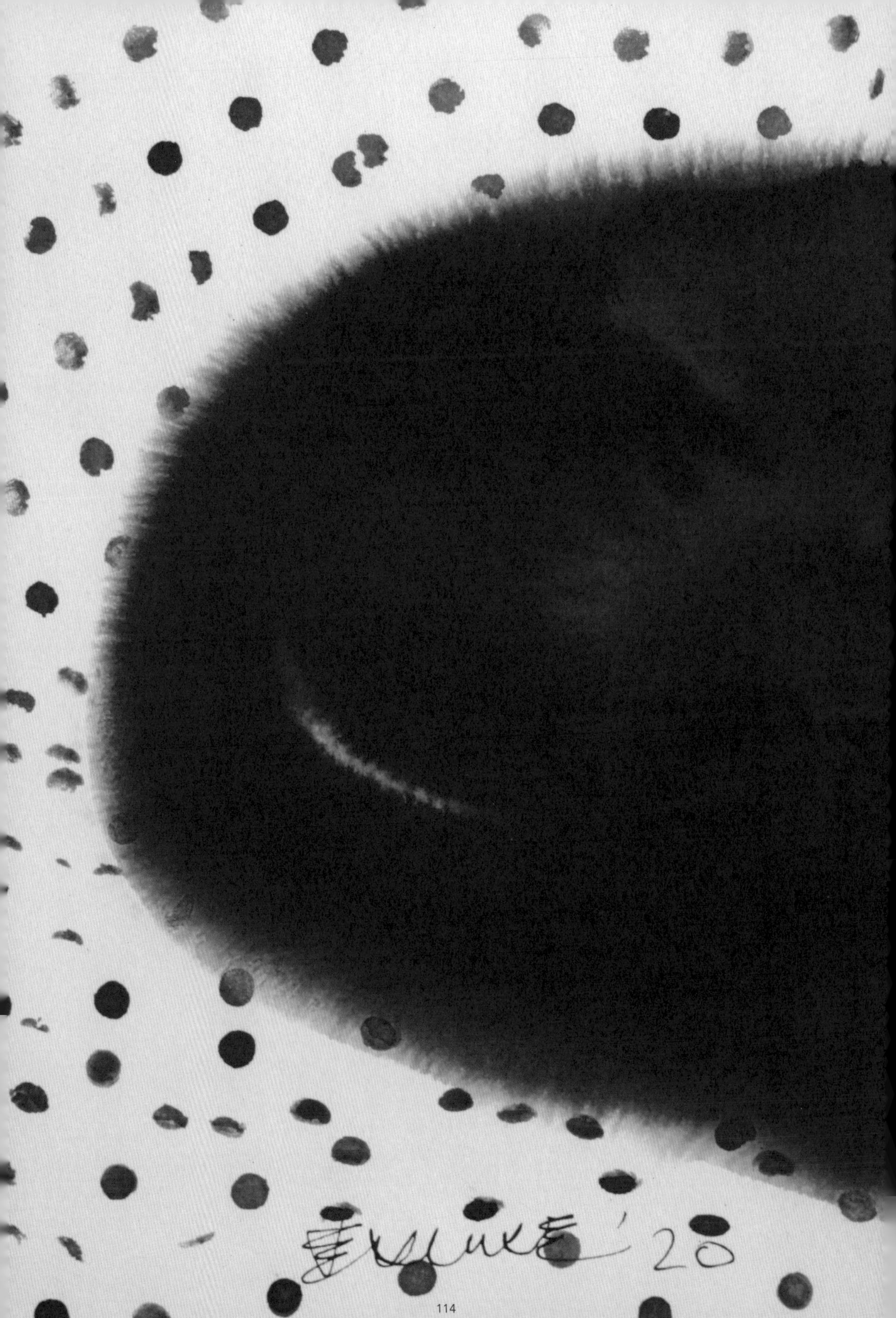

검은 고양이는 작가님께 깊은 사랑이자, 세계관의 중심이
네요. 그런 존재를 작품으로 표현하며 사람들에게 전하고
싶은 것은 무엇인가요?
작품을 통해 제가 느끼는 감정, 그리고 저와 연결된 모든
것을 표현하고 싶어요. 그러니 작품의 주제는 무엇이든 될
수 있죠. 나무, 구름, 하늘을 나는 새, 혹은 정원 그늘에서
낮잠 자는 고양이 등… 감정을 전달할 매개체는 어떤 것이
든 될 수 있으니까요. 그럼에도 지금 저에게 가장 중요한
'무엇'은 고양이 보씨랍니다.

고양이가 다녀간 자리에는 시가 남는다

알쏭달쏭한 말들이 입에 맴돈다. 말들은 뭉쳐졌다가 다시 흩어져 읽는 이의
뇌리에 남는다. 고양이도 똑같다. 주변을 맴도는 듯하지만 훌쩍 떠나간다.
어디까지 갔나 돌아보면 그 자리에 앉아 나를 보고 있다. 이 시인이 쓴 시 마냥,
멀리 떠나지 않고 계속 곁에 맴돈다. 시와 고양이의 공통점이다.

글·사진 김건영 @silver_oil | 에디터 최진영

안녕하세요, 작가님. 요즘 바쁘게 지내신다는 소식 들었어요.

안녕하세요. 시인 김건영이라고 합니다. 시인이지만 집에서는 안사람을 담당하고 있어요. 각종
집안일을 총괄하는 중요한 직책입니다. 바깥양반인 아내가 회사에 가면 요리도 하고, 빨래도
하고, 검은 고양이 '밤이'와 치즈 고양이 '들깨'를 돌보기도 하고요. 내년에 출간될 두 번째 시집을
준비하고 있기도 해요. 바쁜 일상을 보내고 있습니다.

시인, 익숙하지만 낯설게 느껴지는 직업이죠.

어릴 적부터 책 읽는 걸 좋아해서 소설가가 되고 싶었어요. 그렇게 소설가의 꿈을 품고 공부하
던 중 시에 빠진 거죠. 시는 감정을 공유할 수 있는 장르예요. 시적 언어를 통해 다른 이들의 감
정을 건드릴 수 있어요. 그 점이 매력적으로 다가왔고, 그렇게 시인이 되었습니다.
제 시의 독특한 점 중 하나는 일상적인 단어를 많이 사용한다는 점이에요. 흔히 '시'라고 하면, 거
창한 시어가 가득한 글을 떠올리곤 하잖아요. 에디터님이 말씀하신 것처럼, 그런 인식이 시를
낯설게 만들 거예요. 저는 더 많은 사람에게 시가 닿기를 바라고 있어요. 그래서 공감할 만한 주
제를 사용해 시를 짓기도 하고, 흔히 말하는 밈Meme을 활용하기도 해요. 제 작품 중 「Take a
look」이라는 작품이 있어요. 이 시는 인터넷 커뮤니티 상에서 길고양이를 Take a look, 떼껄룩
이라고 부르던 걸 활용한 제목이죠.

작품 「Take a look」에 대한 이야기가 궁금해지네요. 그 안에 어떤 이야기를 담으셨나요?

이 시는 이전에 반려하던 '단이'와 아버지의 이야기를 담은 시입니다. 단이는 우리 집과 온 동네
를 오가며 생활하던 아이였어요. 그런 단이는 유독 아버지를 잘 따랐어요. 아버지도 단이를 사
랑으로 보살폈고요. 그러던 중, 아버지의 병세가 악화되어 병원으로 떠나게 되었죠. 고양이
와 사람은 마음으로 연결되어 있는 걸까요? 어떻게 알게 되었는지 몰라도 아버지의 건강이 좋
지 않다는 걸 단이가 알아차렸나 봐요. 아버지가 병원으로 떠나던 그 무렵 집을 나가 돌아오지
않았어요. 그 뒤로 단이의 모습을 볼 수 없었습니다. 저는 소중한 존재 둘을 함께 잃었어요. 아
주 힘들었어요. 큰 상실감을 느끼기도 했고요. 마음 추스르느라 오랜 시간이 걸렸지만, 결국엔
시로 남길 수 있게 되었네요.

그 이별 이후에 밤이를 만나게 되신 건가요?

제주도 여행을 하던 중이었어요. 어느 검은 고양이가 돌담 위에 앉아있는 거예요. 모습을 보자마자 검은 고양이의 매력에 매료되었습니다. 까맣고 여유로운 자태가 제 시선을 빼앗은 거죠(웃음). 그 이후 검은 고양이를 반려하리라 마음먹었습니다. 밤이는 '포인핸드' 어플을 통해 입양했어요. 당시 저는 혼자 살고 있어서, 입양처에서 선호하던 입양자는 아니었는데요. 고양이를 너무 반려하고 싶은 마음에 지금은 아내가 된 여자친구와 입양 인터뷰에 가기도 했어요. 갖은 노력 끝에 검은 고양이와 가족이 되었습니다. 사실 밤이를 입양하기 직전까지만 해도 검은 고양이에 대한 인식이 좋지 못했어요. 그런데 방송인 박수홍 씨가 반려묘 다홍이를 입양했다는 소식이 매스컴을 타며 검은 고양이의 인기가 올라가더라고요. 재미있는 비하인드죠?

시인과 고양이. 익숙하진 않지만 어색하지 않은 조합이에요. 닮은 구석도 많은 것 같고요.

고양이는 음악적인 동물이라 생각해요. 강아지들은 수평적인 움직임만 하죠. 좌, 우, 앞, 뒤로만 움직일 수 있잖아요. 하지만 고양이들은 수평, 수직을 모두 사용할 수 있는 동물이에요. 좌, 우는 물론, 상, 하로도 움직일 수 있으니까요. 이런 모습은 시의 리듬감을 닮았어요. 시도 운율이 있잖아요. 고양이가 위로 올라갔다가, 하강하고, 또 빠르게 달리기도 하는 모습을 보면 시의 운율이 느껴집니다.

같은 점이 또 있습니다. 고양이의 말랑한 발바닥 안에는 발톱이 숨겨져 있잖아요. 시도 같습니다. 그 안에 숨겨진 의미가 있죠. 길들여지지 않는다는 점도 비슷해요. 시인을 떠나간 시는 독자의 몫입니다. 독자가 어떻게 해석하냐에 따라 시가 달라지는 거죠. 시인은 시에 담긴 의미를 100% 전할 수 없고, 독자도 시에 숨겨둔 의미를 100% 이해할 수 없어요. 길들인다는 표현보다는 모신다는 표현이 어울리는 고양이처럼, 시는 그 의미가 각자에게 달려있다는 것이 닮은 점 같아요.

시를 닮은 고양이와 함께하니 매일이 문학 속 한 구절처럼 느껴지겠어요.

밤이는 아기 같아요. 늘 제 몸 한 부분에 살을 붙이고 함께 있으려 하죠. 매일 아이와 꼭 붙어 있다 보니, 아내는 저희 둘의 모습을 보고 전생에 부부였냐 농담하기도 합니다(웃음). 이 이야기를 하면 다른 분들은 나라를 구했다 하시기도 하는데요. 사실 이게 쉬운 일은 아닙니다. 바쁜 일이 있을 때는 난감하기도 하고요. 한번은 집안일을 하는데 계속 안아 달라고 조르는 거예요. 그래서 마치 아기를 업는 듯이, 고양이를 등에 업고 집안일을 한 적도 있습니다. 진짜 아기인 양 가만히 있더라고요. 일을 하다 잠시 자리를 비우면 키보드를 점령하고 누워 있기도 합니다. 그래서 생각해둔 방법이 책상 위에 바구니를 두는 것이었어요. 밤이도 바구니의 의미를 알아챘는지 그 안에 앉아 가만히 제가 하는 것을 바라보고 있더군요.

반대로, 늘 붙어 있으려는 밤이 덕분에 큰 위안을 얻기도 합니다. 고양이를 주제로 한 시들을 제외하고, 제 대부분의 시는 세태를 고발하는 내용이 주를 이룹니다. 때문에 작업을 하다 보면 괴로워지기도 해요. 그때 저와 계속 몸 한구석을 붙이고 있으려는 밤이의 뜨끈한 온도가 위로가 되곤 합니다.

시인과 집사는 참 어려운 직업이에요. 온 마음을 다해도 어떤 답변이 돌아올 줄 모르니까요.

그런 말을 하곤 해요. 시인은 영매라고. 시대가 하고 싶은 이야기를, 개인이 하고 싶은 이야기를 시인이 대신 말해주는 거죠. 마치 영매들이 그러는 것처럼요. 현실이 어려워 생기는 문제들을 많은 사람이 개인의 잘못이라 생각해요. 그리고 거기에서 비롯된 좋지 않은 감정들을 자신을 공격하는 방법으로 승화시켜요. 그러다 때로는 타인까지 공격하기도 하죠. 그래서 시는 그런 시대의 이야기를 대신해줘야 한다고 생각합니다. 사람들의 마음을 대변하는, 그런 이야기 말이에요.

영매라… 생각지도 못한 답변이네요. 인간들의 마음을 대변하는 것만큼, 고양이의 마음을 대변하는 것도 중요한 일이죠. 이번엔 한번 밤이의 영매가 되어 보시는 건 어때요?

음… 만약 밤이가 시를 쓴다면 길고양이에 관해 이야기할 것 같아요. 길에 사는 생명들에게도 마음을 주는 것은 어떠냐고, 그리고 그들의 안녕을 바란다고 이야기할 것 같아요. '검은 고양이'라는 단어도 편견이 응집되어 만들어진 단어 같아요. 사실 검은 고양이의 속 털은 진한 회색이고요. 겉에도 흰 털이 조금씩 섞여 있어요. 털이 적갈색을 띠는 아이, 진한 회색을 띠는 아이 모두 다르죠. 그런데도 검은 고양이라는 이름으로 차별 속에 살았습니다. 아시아 문화권에서는 물론이고, 서구 문화권에서도 오랜 시간 박해당했어요. 이 모든 것들은 편견이니, 더 마음을 열길 바란다고 이야기할 것 같아요.

깊은 이야기를 전해 주셔서 감사해요. 대답해 주신 한마디 한마디가 시의 구절처럼 그려지는 듯한 느낌이었습니다.

「Take a look」은 제 사적인 감정을 녹여 만든 시입니다. 상실의 슬픔을 시에 녹여낸 거죠. 이처럼 시를 읽는 분들도 슬픔을 너무 피하지 말고 받아들이셨으면 좋겠어요. 때로는 슬픔이 곪기도 하니까요. 시 구절 중에 '고양이가 다른 고양이로 잊히겠니'라는 구절이 있어요. 맞아요, 물론 슬픔이 잊히진 않겠죠. 하지만 그 감정을 잘 둘러매고 보살피다 보면 새로운 세상이 열리기도 합니다. 슬픔을 지나며 저와 밤이가 가족이 된 것처럼요.

Take a look

나 고양이는 집사에게 실망했다

나 고양이는 너보다 어리게 태어나서

영영 너보다 우아하게

영영 늙어갈 것이니

내 눈 속에 달이 차고 기우는데

깜빡이는 눈을 마주치지 않고

뒷동산에는 감자가 가득한데 캐지 않고

내 털이 지폐보다 귀한 줄도 모르고

투정이나 가끔 부리고

길에서 다른 고양이한테 가끔 사료나 챙겨는 주고

고양이가 다른 고양이로 잊히겠니

어느 날 내가 다녀간 후에

아무도 할퀴지 않는 밤이 여러 번 지나더라도

타인을 너무 많이는 미워 말고

장롱 밑에서 내 털을 보고 울지나 말거라

김건영 외 17명, 「Take a look」, 『그대 고양이는 다정할게요』, 아침달, 2020

까치를 닮은 고양이는 사랑 아래 날개를 펴고

LOVE MAKES EVEN CATS SPREAD THEIR WINGS

치즈 고양이 '나무'와 함께 산 지 일 년 반이 지나던 어느 날, 친구에게서 연락이 왔다. 쌍문동 어느 카페 옆에서 구조된 새끼 고양이를 임시보호해 줄 수 있냐는 내용이었다. 구조된 네 마리 중 세 마리는 입양이 되었는데 한 마리의 고양이가 아직 입양 가지 못했다는 말을 덧붙였다. 홀로 남은 고양이는 까만 털을 한, 검은 고양이였다.

글·사진 최지연 @namukkachi | 에디터 최진영

형제들 중 노란 치즈 고양이나 턱시도를 차려입은 아이들은 모두 입양이 되었는데, 검은 고양이만 입양이 되지 못해서 남아있던 것이다. 이야기를 듣자마자 일단 아이를 데려와야겠다고 마음먹었다. 아이의 사진을 보며 만나게 될 날을 고대하던 때, 이름 하나가 떠올랐다. 그 이름은 바로 '까치'. 그렇게 동그란 눈을 한 검은 고양이와 가족이 되었다.

까치를 반려하게 된 데에는 나무의 공이 크다. 나무는 나에게 전혀 다른 세상을 만나게 해 준 고양이다. 이 작고 따스한 털복숭이 덕분에 많이 웃게 되었고 위로를 받기도 했다. 옹졸했던 마음이 아주 조금 넓어진 것 같기도 하다. 사실 너무 깊어지는 마음에 때로는 겁도 나고 슬퍼지기도 했다. 나무를 향한 사랑은 확장되어 길에서 사는 아이들에게, 세상 모든 동물에게 닿기 시작했다. 그리고 검은 고양이 까치에게까지 닿아 우리를 가족으로 만들어 주었다.

까치를 만나기 전에는 검은 고양이와 연이 없었다. 때문에 검은 고양이를 귀엽다고 생각하지도, 예쁘다고 생각하지도 않았다. 하지만 나무를 향한 사랑이 까치에게 닿은 것처럼, 까치를 반려하고 나서는 까만 털을 가진 아이들이 자꾸 눈에 들어오기 시작했다. 이제 우리 가족은 까만 털만 보이면 까치를 떠올린다. 우리에게 검은색은 사랑의 색이 되었다.

까치의 검은 털 덕분에 웃음이 많아졌다. 멀리서 까치를 보면 지금 내가 바라보고 있는 부분이 얼굴인지, 뒤통수인지, 엉덩이인지 구분이 안 될 때가 많다. 얼굴인가 싶어 바라보면 뒤통수이고, 뒤통수인가 싶어 쓰다듬으려고 하면 눈을 꼭 감고 있는 얼굴이다. 그때마다 어떤 모습으로 자는 걸까 추측해 보고 알아맞히는 즐거움이 있다. 그리곤 자고 있는 까치의 이마를 살살 쓸어주고는 수제비 같은 예쁜 귀를 만지작거릴 때의 안온함이 소중하다. 어둑한 집 안에서는 까치의 동그란 눈이 더 반짝인다. 하루는 눈이 내리던 어느 날이었는데, 창 앞에서 바깥을 구경하던 까치가 나를 불렀다. 반짝이는 눈이 나에게 '누나도 보고 있어? 너무 신기하고 예쁘다' 라고 물어왔다. 작고

까만 얼굴로, 따스한 눈빛으로 많은 말을 건넨다. 그 눈빛에 무장해제 된 것도 여러 번이다. 체중 조절을 해야 해서 식사량 조절을 해야겠다 단호하게 마음을 먹지만… 역시나 반짝이는 눈을 이기긴 힘들 것 같다.

처음 보았을 때와 달리 이제는 많이 크고 통통해졌지만 내 눈에는 여전히 어릴 적 모습 그대로다. 까치는 대자로 누워있는 걸 좋아한다. 달리기를 하면 "와아아앙" 하는 소리를 내는 것도, 높은 곳에서 "뿍!" 하고 소리를 내며 뛰어내리는 것도 정말 귀엽고 웃기다. 보기만 해도 사랑스러운 색을 가진 고양이다.

까치를 떠올리면 〈내동생〉이라는 동요가 생각난다. 동요의 가사에는 어떤 게 진짜일지 모를 귀여운 별명들이 잔뜩 등장한다. 까치도 동요 속 등장인물 못지않게 많은 별명을 가지고 있다. 까티, 까치까치, 군밤이, 깐돌이, 아기꼬꼬, 꼬꼬순이, 똥꼬찌찌, 복실이까지. 별명은 가끔 사랑의 증거가 되기도 한다. 그만큼 그 존재를 생각하고 위한다는 것이니까. 이 세상에서 순수한 사랑의 감정을 나눌 수 있는 존재는 나무와 까치, 단 둘뿐 일 것이다. 지인이 초등학교에 입학한 자녀를 "아가야" 라고 부르는 것을 본 적이 있다. 그 마음은 내가 나무, 까치를 "아가야" 라고 부르는 것과 다르지 않겠지. 나에게 나무와 까치는 영원히 아기일 예정이다. 소중하고 예쁘고 사랑스러운 내 아기들.

흰 고양이 검은 고양이

읽다 보면 수많은 질문이 생겨나는 그림책을 소개한다. 거친 붓 터치와 단순한 색으로 그린 기쿠치 치키 작가의 작품 『흰 고양이 검은 고양이』다. 이 이야기 속에는 서로의 색을 좋아하고, 그래서 늘 함께 다니는 고양이 두 마리가 등장한다.

글·그림 기쿠치 치키 | 에디터 박조은 | **자료제공** 시공주니어

흰 고양이와 검은 고양이가 있었어요.

흰 고양이는 검은 고양이의 까만 털을 좋아했어요.

검은 고양이는 흰 고양이의 하얀 털을 좋아했어요.

두 마리는 언제나 함께 다녔어요.

두 마리 고양이는 서로를 있는 그대로 받아들인다. 눈을 맞추고 언제나 함께 걷는다. 그 뒤를 개구리와 나비가 따른다. 흰 고양이와 검은 고양이가 행복하게 걷는 모습이 마치 축복처럼 아름답다. 이 둘처럼 존재하는 모습 그대로 받아들이는 것, 보이는 대로 보는 것, 구별하거나 이름 짓지 않는 것. 그건 가능한 일일까?

두 마리가 나무 위에서 놀고 있었어요.

새가 말했어요.

"흰 고양이는 노란색으로 물들어서 예쁘구나.

검은 고양이는 그냥 까만데."

하늘을 날던 새가 툭 던진 한 마디가 두 고양이의 마음에 균열을 일으켰다. 아무런 의미가 없던 '색깔'에 복잡한 의미가 덕지덕지 달라붙기 시작했다. 흰색은 예쁜 색, 검은색은 비교적 평범한 색. 타고난 색깔에 높고 낮음이 생겼다. 이후로도 둘은 흙 바닥의 지렁이, 수풀 속 메뚜기를 만나 색깔에 대한 말을 들었다. 시간이 지날수록 흰색은 좋은 색, 검은색은 나쁜 색으로 규정되었다. 그저 함께 걷던 두 고양이는 '흰 고양이'와 '검은 고양이'가 되었고, 결국 검은 고양이는 자기 자신을 흰 고양이보다 못난 존재로 여기게 되었다. 하지만 정말 검은색은 흰색보다 열등한 색깔일까?

두 마리가 밤길을 산책하고 있었어요.

흰 고양이가 말했어요.

"검은 고양이야, 어디 있니?"

검은 고양이는 아무 대답도 하지 않았어요.

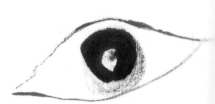

검은 고양이의 마음에 작은 생채기가 났다. 마음에 생긴 균열은 생각보다 쉽게 메워지지 않는다. 메워지기는커녕 점점 커져 가기만 한다. 항상 함께하던 둘은 조금씩 조금씩 멀리 떨어져 걷게 되었다. 그렇게 밤이 찾아오고 어둠 속에 자기 자신을 묻는 검은 고양이. 깜깜한 어둠에 숨는 것은 검은 고양이가 가장 잘할 수 있는 일이다. 눈을 감고 입을 닫으면 누구도 자신이 그곳에 있다는 사실을 알 수 없기 때문이다. 숨어버린 검은 고양이는 어둠 속에서 무슨 생각을 했을까? 자신을 바라보는 까만 눈동자들을 떠올리며 미워하는 마음이 들었을까, 슬픈 마음이 들었을까?

137

두 마리가 마을에 내려왔어요.
마을 사람들은 흰 고양이만 예뻐했어요.
"하얘서 예쁘다."
"하얘서 정말 귀여워."

검은 고양이는 마을 사람들에게
다가가지 않고
달려갔어요.
낯선 길을 하염없이 걸었어요.

138

나무 위의 새, 흙바닥의 지렁이, 수풀 속 메뚜기와 달리 마을 사람들은 자신들의 호와 불호를 조금 더 노골적으로 표현한다. 모든 사람의 관심과 미소는 흰 고양이를 향한다. 검은 고양이는 이 상황을 더 이상 견디지 못하고 어딘가로 도망친다. 한 번도 가보지 않은 낯선 길을 걷는다. 흰 고양이는 응원도 격려도 하지 않고, 뒤를 조용히 따라간다. 검은 고양이는 왜 사람들의 무관심을 버티지 못하고 도망쳤을까?

발길이 멈춘 곳은 온통 알록달록한 꽃의 세계.
흰 고양이가 말했어요.
"예쁜 꽃이 많은데,
검은 고양이가 제일 눈에 띄네."
검은 고양이는 깜짝 놀랐어요.
그러고는 까만 자기 털을 가만히 바라보았어요

흰색과 검은색에 대한 수많은 질문 끝에 두 고양이는 다채로운 색깔의 꽃밭을 만났다. 환상처럼 아름다운 풍경 앞에서 흰 고양이는 꾹꾹 참아 뒀던 위로를 꺼내어 건넨다. 그 위로를 주워 든 검은 고양이는 자신을 가만히 바라보다가 답을 찾았다. 답을 찾은 검은 고양이는 예전처럼 흰 고양이를 바라보며 말한다.

"나는 검은 고양이"

우리는 항상 낯선 무언가를 구분하고, 이름 짓고, 그 위에 미워하고 좋아하는 마음을 더한다. 눈에 보이는 대로 구별하는 것은 우리들의 오랜 버릇으로, 색色에 대한 분별심은 커다란 비극의 씨앗이 되기도 했다.

'색'이란 빛이 산란하여 시신경에 부딪혀 감지된 신호다. 빛은 무한대의 색이 담긴 스펙트럼을 선물했지만, 사람들은 그것을 일곱 가지 색으로 구분하고 이름을 붙였다. 그리고 그 이름에 온갖 마음을 담았다. 수천 년에 걸쳐 흰색에는 순수가, 빨간색에는 열정이, 파란색에는 슬픔이, 검은색에는 불운과 불길함이 담겼다. 불운을 담는 그릇이 되어버린 검은색. 검은색 털을 입은 고양이들은 아주 오랫동안 아픔을 겪었다.

고양이들뿐 아니다. 우리는 필연적으로 누군가에게 낯선 존재가 되며 구분 지어질 수밖에 없다. 분별심을 가졌지만 분별 당하기 싫어하는 이중적인 마음, 이 마음 때문에 이야기 속 검은 고양이에게 더욱 공감했는지도 모른다. 하지만 참다행인 일이다. 기쿠치 치키 작가의 그림책을 함께 읽은 우리에게는 이제 작은 주문이 생겼으니. 앞으로 낯선 것을 만나 구별하려는 마음이 들 때마다, 세상이 자신을 구분 지으려할 때마다 읊조려보자.

"나는 검은 고양이"라고.

아홉 번 타오른 재는 역사가 되어

THE ASHES THAT BURNED NINE TIMES BECAME HISTORY

글 유하림 | 그림 박조은

그거 알아?

고양이에겐 아홉 개의 목숨이 있어.

우리는 묘생에서 목격한 모든 것을

마음에 아로새기고 다시 태어나.

나는 여태껏 검은 고양이로 살아왔어.

드디어 아홉 번째 생을 맞이했지.

지나치게 긴 삶이었어.

고단하고 위태로웠달까.

사람들은 검은 고양이를 미워했거든.

습관이나 버릇처럼.

미움을 대대로 물려주는 것 같았어.

아니라고?

글쎄. 난 너희들이 검은 고양이에게

한 일을 모조리 알고 있는걸.

내 생에 가장 찬란한 시기

이 땅에 태어나 막 눈을 떴을 땐 모두 나를 우러러보고 있었어. 검은 수염을 양옆으로 곧게 뻗고 푸른 눈을 깜박이면 사람들은 기도를 올렸지. 간절함이 귓가를 울리도록 말이야. 그럼 나는 성스러운 목소리로 축복을 발음했어. 이집트의 여신 '바스테트'가 바로 나였거든. 인간의 몸과 검은 고양이의 얼굴을 가진 신비로운 존재였어. 모든 이에게 존경받았지. 사람들은 기쁜 일이 있으면 내게로 영광을 돌렸고, 나는 그걸 마음껏 누렸어. 기도 위에서 잠을 자고 영광을 벗 삼아 거리를 활보했지.

그 시절의 나는 만물 위에 있었어. 알맞게 익은 곡식보다 맑고 깨끗한 물보다 귀하게 여겨졌거든. 이집트에선 모든 고양이를 깊이 섬겼으니까. 함부로 대하거나, 우리를 나라 밖으로 내보내면 죽임을 당할 정도였어. 그중에서도 검은 고양이는 특유의 고상함으로 극진히 대접받았지. 그러니 번쩍이는 금을 어깨에 휘두르고 어디서나 우아하게 걸을 수 있었던 거야. 내가 사뿐사뿐 발걸음을 내디디면 그게 바로 역사가 됐어. 한마디로 족적을 남긴 거지. 그저 걷기만 했을 뿐인데도. 그렇게 고귀한 삶을 살다 숨을 거뒀을 때 사람들은 나를 오래도록 기억하기 위해 부단히 애썼어. 내 몸을 따뜻한 물에 부드럽게 씻기고, 빳빳한 천으로 감쌌어. 그렇게 미라가 됐지. 달콤한 순간들을 마음속에 품은 채로.

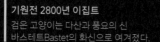

기원전 2800년 이집트
검은 고양이는 다산과 풍요의 신
바스테트Bastet의 화신으로 여겨졌다.

나를 맞이한 뜨거운 불구덩이

지난 생의 영예를 기억하며 이번 생을 잔뜩 기대하고 있었어. 그런데 나를 기다리고 있는 건 뜨겁고 거센 불길이었지. 그곳에선 마녀사냥이 벌어지고 있었거든. 여자들을 불 속에 가두고 검은 고양이를 재로 만들어버리는 끔찍한 일 말이야. 그 시작은 교황 그레고리오 9세였어. 로마에서였지. 그는 '라마의 소리Vox in Rama칙령'를 통해 검은 고양이를 악마의 신하라고 명명했어. 십자군 전쟁 후로 다른 종교들을 경계할 명목이 필요했거든. 그 말 한마디에 삶이 뒤바뀌어 버렸지. 그곳에선 사람들 눈에 띄지 않게 매번 도망쳐야 했어. 나를 우러러보기는커녕 눈을 흘기며 발길질을 해댔으니까. 어둠 속을 파고 들어가 몸을 웅크리고 숨죽였어. 그렇게 밤은 나의 친구가 되었지. 환한 낮은 나의 대적자였고.

언제나 잽싸게 달려야 했어. 느릿한 걸음으로 여유를 부렸다간 붙잡혀 새까맣게 타버릴 수도 있으니까. 검은 고양이로부터 시작된 불길은 다른 고양이에게로 번졌어. 어느 순간부터는 털의 색과 무관하게 고양이라면 불 속으로 던져 넣었지. 본격적인 마녀사냥이 시작되면서 우리는 모두 두려움에 떨었어. 지난밤에 만난 고양이가 다음 날 아침이면 모습을 감추는 일이 잦았거든. 불구덩이를 피할 수 없던 건지, 어디론가 멀리 달아난 건지 알 수 없었어. 그렇게 누구와도 애정을 나누지 않으며 홀로 살아가는데 익숙해졌어. 그럼에도 비극적인 결말을 면치 못했어. 타오르는 불길은 커다랗게 입을 벌려 나와 여자들, 그리고 고양이들까지 모두 집어삼켜 버렸지.

1200년대 로마
십자군 전쟁 이후 교황 그레고리오 9세가
검은 고양이를 사탄의 충실한 신하로 묘사.

처음엔 악몽을 꾼 줄 알았어. 나쁜 기분이 현실로 침범해버리는 생생한 꿈 말이야. 그런데 꿈이 아니더라고. 세 번째로 다시 태어났을 때 비로소 깨달았어. 그땐 지독한 흑사병이 세상을 지배하고 있었지. 사람들의 피부가 검게 변하고 썩어 들어가, 끝내 생을 앗아갔어. 사람들은 그게 검은 고양이 때문이라고 믿었어. 검은 털로 인간의 신체를 물들인다고 생각했지. 실은 고양이가 사라진 탓에 쥐들이 병을 옮긴 거었어. 진실을 알려고 하지 않는 사람들 때문에 우리는 계속해서 불 속으로 내팽개쳐졌어. 다시 한번 온몸에 불이 달라붙었을 때 알아챈 거야. 무시무시한 일이 내게 일어나고 있다는걸.

1300년대 유럽
마녀사냥의 시작.
검은 고양이도 화형식의 대상이 된다.

1347년 유럽
흑사병 유행.
고양이 학살이 원인 중 하나였던 것으로 추정.

매일같이 재앙이 날아오는 곳에서

나는 또 검은 고양이의 몸으로 태어났어. 이번엔 로마의 새로운 교황 이노센트 3세가 검은 고양이는 악마와 계약한 동물이라며 몰아붙였어. 끔찍한 마녀사냥도 계속되었지. 종종걸음으로 밤을 보내야 했어. 희끄무레하게 뜬 달은 까만 밤의 보초를 서듯 우리를 쫓아다녔어. 어느새 밤에도 편히 쉴 수 없게 되었지. 마녀들이 검은 옷을 뒤집어쓴 채 검은 고양이로 변장하고 거리를 횡단한다는 소문이 퍼졌으니까. 길을 가다 검은 고양이를 보면 불길한 일이 일어날 징조라는 말, 들어본 적 있어? 그 시작이 바로 이곳이었어.

길에서 나를 만나면 아이고, 어른이고 할 것 없이 돌을 던졌지. 그들에겐 작은 돌멩이였겠지만 내겐 거대한 돌덩이 같았어. 우주에선 보잘것없는 소행성도 지구로 돌진하는 순간 어마어마한 재앙이 되잖아. 내겐 매일 같이 재앙이 날아왔어. 사람들은 돌을 던지면서도 떳떳했어. 불길함을 잠재우려고 했을 뿐이니까. 그저 자신들을 지키려고 했을 뿐이니까. 그들에게 재앙은 나였던 거야. 우리는 서로의 재앙이 되어버렸어. 한낱 어리석은 소문 때문에.

수많은 소문은 마치 진압되지 않는 산불처럼 계속해서 번져나갔어. 유럽 전역으로 퍼졌지. 전염병처럼. 중독성이 강한 노랫밀처럼. 마녀의 심부름꾼이라던가, 악마와 대화를 하는 영매라던가 하는 말들이 끊임없이 불어났어. 탁월한 계절을 만나 밭에 심어 놓은 씨앗이 무럭무럭 자라나듯이. 나무가 주렁주렁 열매를 맺듯이 말이야. 심지어는 검은 고양이를 만나고 나서 극심한 통증이나 질병을 얻게 됐다는 사람들이 생겼어. 아마 고양이 알레르기를 오해한 거겠지. 그런 것도 모를 만큼 고양이에 대해 무지했으면서 우리를 잘 아는 것처럼 굴었어. 이미 검은 고양이는 악의 근원이자 실체가 되었으니까.

1484년 로마
교황 이노센트 3세가 고양이를
악마와 계약한 이교도 동물이라고 선언.

1560년 영국 링컨셔
마녀들이 검은 고양이로 변장했다고
간주하여 마녀사냥이 벌어짐.

우리의 죽음이 조롱거리로

이제는 삶이 두려워졌어. 아홉 번을 다시 태어나는 것이 누군가의 저주임이 틀림없다고 생각했을 정도였거든. 어느새 고양이를 살해하는 것은 하나의 의식이 되었어. 사람들에게 중요한 일이 있을 때면 매번 죽임을 당했지. 우리를 죽이는 게 앞으로 일어날 불길한 일들을 제거하는 것이라 믿더라고. 성대한 의식이 진행되며 모두가 경건한 마음으로 공동체의 일원이 되는 동안 고양이들은 죽어갔어. 단상 위로 올라가 그 중심에 몸을 뉜 채였지. 수많은 눈동자는 죽음을 바라보았고 고통을 목도했어. 그렇지만 그들에겐 죽음도, 고통도 제대로 보이지 않았을 거야.

나도 그렇게 바스러졌어. 벨기에에 있는 작은 도시였지. 어둠 속에 몸을 묻고 있을 때 누군가 내 목덜미를 잡아 올렸어. 몸부림을 쳐봤지만 나를 움켜쥔 손이 너무나 거세서 꼼짝할 수 없더라고. 그는 시계탑 위로 올라가 나와 한 번 눈을 마주치곤 그대로 던져버렸어. 조금 웃고 있었던가. 나는 아주 높은 곳에서 바닥을 향해 곤두박질쳤어. 떨어지면서는 발을 버둥거렸던 것 같아. 멀리서 웃음소리가 들렸어. 위에서도, 아래서도 사람들이 어깨를 들썩이며 웃었어. 나의 죽음이 누군가에겐 재미있는 조롱거리가 됐지. 나는 그저 검은 고양이로 태어났을 뿐인데 말이야.

1665년 영국 런던
흑사병이 검은 고양이 때문이라는
소문이 돌며 20만 마리의 고양이를 화형.

~1817년 벨기에
매주 수요일마다 살아있는 고양이를
시계탑에서 떨어뜨리는 행사 진행.

우연한 기회가 기도가 될 때

여섯 번째 생을 시작했을 땐 내가 소설의 주인공이 되었다는 말을 듣게 되었어. 제목도 검은 고양이라고 했지. 소설에 등장하는 한 남자는 어느 날 함께 살던 검은 고양이를 보며 불길함을 느끼게 돼. 그리곤 무참히 죽여버리지. 심지어는 자신의 아내까지 죽음으로 몰아넣어. 우리는 여전히 악마를 은유했고, 흉조를 예견하는 도구였지만 이야기 속에서 남자는 나쁜 짓을 저질렀기에 마땅한 벌을 받게 돼. 슬퍼해야 할까, 기뻐해야 할까. 나는 기쁨 쪽으로 마음의 방향을 틀었어. 지금껏 우리를 죽인 사람 중 누구도 벌을 받지 않았었거든. 어쩌면 기회일지도 모른다고 생각했어. 그리곤 검은 고양이에 대한 오명이 벗겨지기를 기도했어. 누군가의 귓가를 간지럽게 울리도록 간절하게 읊조렸어. 아주 먼 옛날, 어떤 사람들이 내게 그리했던 것처럼.

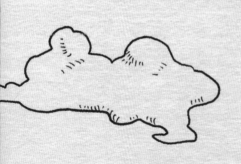

1843년 미국
애드거 앨런 포의 소설 『검은 고양이』 출간.

느닷없이 찾아온 기적

기도가 하늘에 닿았던 걸까? 기적 같은 일이 일어났어. 오랫동안 나를 괴롭혔던 헛소문이 사라지기 시작했지. 마녀사냥이 금지되었고, 고양이를 가족으로 생각하는 사람들이 생겨나기 시작했어. 첨예한 전쟁 끝에 무언가 조금씩 달라지고 있었나 봐. 폭력이 지나간 자리에 남은 고통을 그제야 알게 된 거겠지. 나를 주인공으로 한 새로운 이야기도 탄생했다고 하더라고. 검은 펜으로 그린 고양이는 거울을 보며 빗질을 하고, 길에서 만난 친구와 반갑게 인사를 나눴어. 꼬리를 동그랗게 말았다가 꼿꼿이 세우며 즐겁게 춤도 췄지. 이건 비밀인데, 나도 몰래 춤을 춰봤어. 제법 태가 나더라고.

나는 단번에 인기 스타가 되었어. 검은 고양이를 보며 사랑을 말하는 사람들이 생겼지. 만화를 시작으로 나를 찾는 곳이 많아졌어. 더 이상 무섭지 않은 마녀의 절친한 동료나, 마법을 부리며 세상을 구하는 소녀의 마스코트가 되기도 했지. 동요가 되어 멜로디를 타고 전 세계를 돌아다니기도 했어. 빨간 리본을 두르고 모든 어린이의 친구가 되었어. 검은 털을 삐쭉 세우며 겁을 주는 모습이 아니라, 동그란 눈을 깜박이며 애교를 피우는 사랑스러운 얼굴로 다시 태어났어. 드디어 마뜩한 생을 기다려볼 이유가 생긴 거야.

1914년 유럽
종교재판을 빙자한 마녀사냥이
법적으로 금지되며 학살이 중단.

1919년 미국
세계 최초의 애니메이션 캐릭터
〈검은 고양이 펠릭스 Felix the Cat〉 탄생.

익숙한 길을 걸으며 맞이한 행운

그날은 아주 맑았어. 선명한 햇살에 땅이 그을리고, 선선한 바람에 잎사귀가 나부끼는 날이었지. 리드미컬한 트럼펫 소리가 거리를 메우며 축제가 열렸더라고. 어쩐지 익숙한 느낌에 찬찬히 살펴보니, 내가 떨어졌던 바로 그 시계탑이더라. 커다란 고양이 인형이 앞장서고, 그 뒤를 따라 사람들이 행진을 했어. 모두 해사한 표정을 짓고 있었지. 나도 멈칫거리며 대열에 끼어들었어. 그런데 누구도 나를 쫓아내지 않는 거야. 어리둥절한 기분으로 마저 걸었어. 이 순간이 영원하기를 마음속으로 염원하면서.

그곳에 있는 사람들은 모두 고양이를 보며 '행운'을 말했어. 그때는 그 말이 무척 어색했지. 난 불행, 불운, 불길 같은 단어들만 듣고 살아왔거든. 행운이란 말은 그 단어들의 완전한 반대말이잖아. 나는 어쩐지 주인공이 된 것 같은 기분으로 거리를 거닐었어. 여전히 어디선가 돌이 날아오진 않을까 조금은 노심초사했지. 과거를 쉽게 잊을 순 없는 법이잖아? 행진 대열은 시계탑 앞에서 멈추어 섰어. 무언가 떨어지고 있었거든. 자세히 보니 고양이를 닮은 인형이더라고. 그걸 던지며 어리석은 역사를 참회하는 거라고 했어. 하지만 정말로 그럴 수 있을까?

1955년~ 벨기에
과거를 참회하는 의미로
3년에 한 번씩 고양이 축제를 진행.

나의 생일은 검은 고양이의 날

여덟 번의 생을 지나 마지막 삶에 도착했어. 내겐 이름이 생겼고, 남은 시간을 함께할 가족도 생겼지. 따끈따끈하게 늘어진 내 뱃살을 좋아하고, 살갗에 검은 털이 묻어도 그저 헤죽거리는 녀석이야. 우린 보호소에서 만났어. 나는 마지막까지 남아있던 고양이였지. 어두운 털을 가지고 있는 동물들에겐 꽤 흔한 일이래. 친하게 지내던 고양이들은 모두 떠나버리고 혼자 지내고 있었어. 이따금 외롭다고 생각했어. 이렇게 아홉 번째 생을 보내기엔 영 아쉬웠거든. 그러다 녀석이 찾아온 거야.

생일을 알 수 없기에 검은 고양이의 날에 파티를 하기로 했어. 그런 날이 있는지도 몰랐는데 녀석이 알려줬어. 검은 고양이를 미워하지 말자면서 만들었대. 귀찮긴 하나, 내가 좋아하는 참치캔으로 케이크를 만들어 대령하겠다는데 굳이 마다할 이유가 없잖아? 나 대신 녀석이 촛불을 불고, 기도를 했어. 오랫동안 곁에 있어 달라며 내 이마를 쓰다듬더군. 이젠 아무도 나에게 영광을 돌리지 않지만 이 정도의 사랑이 딱 적당해. 미워하는 것보다 사랑하는 게 더 어렵다는 걸 이젠 알게 됐거든.

지난한 삶이었어. 반짝이던 순간은 늘 찰나였지. 그래도 지금은 검은 고양이의 이야기를 듣고 싶다며 찾아오는 사람들도 생겼어. 잡지로 만들 거라고 했던가. 아홉 번의 생을 살아가며 차곡차곡 쌓아온 기억을 돌이켜보니 이런 말이 떠오르더군. 격세지감. 세월이 흘러도 변할 것 같지 않았던 것들이 조금씩 부서지고 흩어지더라고. 나는 이렇게 생을 마무리하겠지만 아직 묘생이 남은 아이들이 있어. 우리를 향한 오해와 편견, 미움과 증오를 마저 부서뜨리고, 흐트러뜨려 주길. 그게 죄를 지은 사람의 몫일 테니까.

2002년 국제 동물 복지 기금
세계 고양이의 날 제정.

2011년~ 영국, 미국, 이탈리아
각각 10월 27일, 8월 7일, 11월 7일을
검은 고양이의 날로 제정.

2023년 한국
mellow에서 'Black cat'을 주제로
매거진을 발간.

SEARCH FOR THE LOST NIGHT

사라진 밤을 찾아서

글 유하림 | **그림** 박조은

옛날 옛적, 어느 외딴 마을에 밤이 사라져버렸습니다. 모두가 깜깜한 밤이 오는 대신 환한 낮이 이어지길 바랐거든요. 어둠은 불길하고 꺼림직하지만, 빛은 희망차고 투명하다고 생각했습니다. 언제나 따사로운 햇살만을 탐했죠. 그 염원이 모여 뜨거운 태양이 하늘을 지배하고, 땅을 군림하기 시작했어요. 마을 사람들은 기뻐했습니다. 어둠이 찾아오지 않아 온 세상이 밝은 빛으로 가득했으니까요. 추운 겨울에도 화려한 꽃들이 피어나고 새빨간 열매가 무럭무럭 자라났어요.

하지만 환희도 잠시, 작열하는 햇빛에 살아있는 모든 것이 메말라갔습니다. 알록달록 자신을 뽐내던 꽃잎은 지나치게 밝은 빛을 받아 색이 바래버렸어요. 버석한 이파리와 쪼그라든 열매들이 거리마다 나뒹굴었죠. 메말라가는 건 사람도 마찬가지였습니다. 해가 지지 않아 일을 멈출 수 없었거든요. 뙤약볕 아래서 살갗은 검게 타들어 갔죠. 밤이 사라지고 나서야 그들은 깨달았습니다. 어둠이 없을 때 더 어두워지는 것이 있다는 걸요.

마을 사람들은 기아제祈夜祭를 지내기로 했습니다. 정령
이 깃든 커다란 나무 앞에 모여 무릎을 꿇었죠. 제사장이
하늘을 향해 손을 뻗으면 모두가 손을 모았어요. 손바닥
을 맞대고 마음을 담아 빌었습니다. *밤이 오게 해주세요.*
밤이 오게 해주세요. 하늘에 닿을 수 있도록 큰 소리로
말했습니다. 사람들은 같은 문장을 반복하며 간절히 소
원했죠. 그러나 태양은 여전히 그 자리에 있었습니다.

몇 차례 제사를 지냈으나 어둠은 감감무소식이었습니다.
눈부신 하늘 아래서 사람들은 잠을 이루지 못했어요. 천
을 덧대어 창을 막아도 강렬한 햇빛을 피할 수는 없었거
든요. 일을 하다가도, 밥을 먹다가도 꾸벅꾸벅 조는 일이
잦아졌습니다. 논과 밭에서, 들과 산에서, 강과 바다에서
사람들은 풀썩풀썩 쓰러졌어요. 졸음을 이기지 못해 잠
에 빠지는 순간, 내리쬐는 햇살이 몸을 날카롭게 파고들
었습니다. 햇볕이 몸을 훑고 지나간 자리엔 붉은 흉터가
남았죠.

그러던 어느 날이었어요. 검은 옷을 뒤집어쓴 여행자가 마을 어귀로 들어섰습니다. 그는 기야제를 지내던 나무 앞에 서서 지나가는 사람을 붙잡고 물었습니다.

"해가 사라지지 않는 날을 보내고 있으십니까?"

그의 물음을 들은 이는 고개를 끄덕였습니다. 검은 옷의 여행자는 목소리를 낮추며 말했습니다.

"그렇다면 밤을 찾고 계시는가요?"

또다시 그의 물음을 들은 이는 고개를 끄덕였습니다. 검은 옷의 여행자는 속삭이듯 이야기했습니다.

"검은 고양이를 데려오세요. 그들이 있는 곳은 어디든 검게 물들거든요. 밤의 얼굴을 한 검은 고양이는 어둠을 몰고 오 죠. 사람들은 고요 속으로 빠져들어요. 잠이 드는 거예요. 아 주 깊은 잠을 잘지도 모른답니다."

그 말을 듣던 이는 깜짝 놀라 밭에서 일하던 사람들을 불러 모았습니다. 방금 들었던 이야기를 낱말 하나 빠뜨리지 않고 모조리 전했죠. 그러던 사이, 검은 옷의 여행자는 어디론가 사라져버렸습ㅣ다. 마치 바람결에 날아가 버린 검은 털처럼 말이에요.

156

사람들은 검은 옷의 여행자가 사라진 곳에 남아 다투기 시작했습니다. 밤을 되찾기 위해 검은 고양이를 데려와야 한다는 쪽과 모든 빛이 감쪽같이 사라질까 걱정하는 쪽으로 나뉘었죠. 다툼이 이어지는 동안에도 태양은 건재했습니다. 잠자리에 누운 아이들은 잠이 오지 않는다며 칭얼거렸어요. 두 발을 동동 구르며 울음을 터뜨렸죠. 노인들은 영원한 잠에 빠졌습니다. 잠을 자지 못해 영면의 숲으로 들어섰거든요. 푸른 잎사귀 한 장 없이 말라비틀어진 영원의 잠으로요.

이를 지켜보던 마을의 대표는 이보다 더 큰 재앙이 찾아올 리 만무하다며 검은 고양이를 불러오기로 했습니다. 마을에는 밤과 잠이 필요했어요. 청년들은 검은 고양이를 만나기 위해 여정을 떠났습니다. 그들을 찾는 건 어렵지 않았어요. 동굴 깊은 곳에 노란 눈을 가진 검은 고양이들이 모여 있었죠. 커다란 마차에 고양이들을 싣고 마을에 당도했을 땐 양 떼를 닮은 구름이 하늘을 메웠어요. 뜨거웠던 태양도 구름의 등장에 잠시 주춤하는 듯 보였습니다.

사람들은 각자의 집에 검은 고양이를 데려가기로 했어요. 마을의 대표는 검은 고양이를 안고 돌아서는 이들에게 말했습니다.

"검은 고양이에게 정성을 다해 밥을 지어주세요. 그리고 자리를 마련해주세요. 그들이 편히 쉴 수 있도록. 밤이 찾아오며 혹여나 길을 잃지 않도록."

집에 도착한 사람들이 요리를 시작했습니다. 재료를 찌고, 볶고, 삶은 뒤 그릇에 먹기 좋게 담았어요. 그리고 검은 고양이가 식사를 하는 동안 두꺼운 천을 바닥에 깔아두었죠.

밥그릇을 비운 검은 고양이는 그곳이 바로 사신의 자리라는 듯 천 위에 올라섰습니다. 같은 자리에서 한 바퀴 빙 돌더니 몸을 동그랗게 말아 잠을 청했어요. 고양이를 따라 사람들도 하나둘 침대에 몸을 뉘었습니다. 그러자 검은 고양이는 사람의 품속으로 부드럽게 파고들었습니다. 겨드랑이에서 따끈한 체온이 느껴졌어요. 그는 조심스럽게 고양이를 쓰다듬었습니다. 머리에서 꼬리까지, 손등으로 천천히 쓸어내리며 잠든 고양이의 얼굴을 바라보다가……

어느새 단잠에 들었습니다. 불면의 낮을 건너 숙면의 밤에 도착했죠. 다른 집도 마찬가지였습니다. 각자의 고양이를 껴안고 잠을 맞이했습니다. 여전히 햇볕은 이어지지만 모두가 검은 고양이의 기적을 만났어요. 그렇게 기력을 되찾아갔습니다. 퀭한 얼굴에 생기가 돌기 시작했죠. 사람들은 미리 익어버린 곡식을 추수하면서도 서로의 안부를 묻기 시작했어요. 웃음소리가 밭을 메웠습니다. 이마를 타고 흐르는 땀방울을 옷소매로 닦아내며 기쁘게 일했어요.

그러다 한 사람이 말했습니다.

"그림자가 기울고 있어요."

사람들은 모두 각자의 그림자를 살펴보았어요. 그림자는 같은 방향으로 조금씩 기울어져 있었습니다. 그때, 말을 꺼낸 이가 손가락으로 먼 곳을 가리켰어요. 모두 그 손가락을 따라 저 멀리 태양을 응시했습니다. 서서히 해가 떨어지고 있었어요. 사방이 주황빛으로 물들며 하늘을 지키던 푸른색이 물러났습니다. 드디어 마을에 밤이 드리우기 시작했죠. 사람들은 그제야 하던 일을 멈추고 집으로 돌아갈 수 있었습니다. 집에는 꼬리를 바짝 세우며 그들을 반기는 검은 고양이가 기다리고 있었고요.

잠자리에 누운 사람들 곁으로 검은 고양이가 다가왔습니다. 모두 각자의 고양이를 안고 금세 잠이 들었죠. 여태껏 밀린 수면을 즐기려면 아주 긴 시간이 필요할 거예요. 새근새근 편안한 숨소리 사이로 검은 고양이가 눈을 떴습니다. 잠든 사람의 얼굴을 빤히 바라보았어요. 자신이 만든 안온한 밤의 잠을 마음껏 감상했지요. 집 안엔 고요한 어둠이 잔잔하게 흐르고 있었습니다. 넓은 창문으로 달빛이 쏟아져 내리고 있네요. 바닥엔 네모난 그림자가 펼쳐졌죠. 검은 고양이는 창틀에 올라섰습니다. 달빛에 비친 고양이의 그림자가 기다랗게 늘어났어요. 마치 검은 옷을 뒤집어쓴 사람의 모습처럼 보였죠.

검은 고양이는 자신의 그림자를 보며 이 마을에 처음 당도했던 날을 떠올렸습니다. 기아제를 지내던 커다란 나무 앞이었어요. 그때는 잠시 사람의 형체를 빌려보았습니다. 어둠도 희망이란 의미를 얻을 자격이 있다는 걸 알려주고 싶었거든요. 검은 고양이가 생각에 잠긴 사이. 어스름한 달빛이 점점 물러나고 있었어요. 이제 곧 날이 밝으려나 봐요. 아침이 온 뒤엔 한낮이 머물다 가겠죠. 그리곤 밤이 올 거예요. 평범하고 아름다운 그런 날 말이에요.

정답은 QR코드로 확인하세요.

검은 고양이 구별을 위한 개념적 접근과 방법론

THE INFLUENCE OF BLACK CATS

까만 고양이를 떠올리면 비슷한 이미지가 연상된다. 검은 잉크를 뿌린 듯이 까만 털, 윤이 나는 날렵한 몸매, 그리고 밝게 빛나는 눈까지. 독특한 외형은 예술가들의 영감이 되어 많은 작품을 남겼다. 하지만 이는 때론 단점으로 작용하기도 한다. 털의 무늬, 색깔 등으로 쉽게 특정되는 여타 고양이들과는 다르게, 검은 고양이는 고유의 실루엣이 시각적으로 강렬하게 인식되어 구별 시 어려움을 겪을 수 있기 때문이다.

그러나 모든 검은 고양이가 같은 모습이라고 생각하는 건 고정관념이다. 그들은 모두 각자 고유의 매력을 가지고 있다. 검은 고양이에 대한 고정관념이 팽배한 현시대, 이에 멜로우 편집부는 그들의 매력과 고유성이 더 널리 퍼지길 바라는 마음을 담아 그동안 체득한 검은 고양이 구분법을 정리해 보기로 하였다. 멜로우 편집부가 직접 총망라한 구별 방법을 통해 검은 고양이에 한 발짝 다가갈 수 있는 시간이 되길 바란다.

멜로우 편집부

When you think of a black cat, the image that comes to mind is uniform. Black fur as if sprayed with black ink, a sleek, shiny body, and brightly sh eyes. This unique appearance became many works of art. However, this can s sadvantage. Unlike other cats that are ea r fur patterns and colors, black cats ha te that is visually recognized so strongly icult to distinguish them. However, this is ted by black cats in the media. All bla charm and are full of uniqueness. stereotypes and prejudices abou llow's editorial department de identify black cats that we h heir charm and uniqueness w pe that this will be a time w ser lack cats through the ds provided by the Mello u think of a black cat, the form. Black fur as if sprayed wit ody, and brightly shining eyes. This un came the inspiration for many works of art. How sometimes act as a disadvantage. Unlike other cats that are easily identified by their fur patterns and colors, black cats have a unique

PURPOSE & NECESSITY OF BLACK CAT

Black cats have their own personalities, characteristics, and stories.

mellow cat vol.8 Black cat의 목적과 필요성

검은 고양이는 오랜 기간 동안 불행과 미신의 상징으로 여겨졌으며, 편견 속에서 차별과 박해를 받아왔다. 현대에 들어서 편견이 사라지고 있다고는 하지만 아직도 만연한 차별을 쉽게 찾아볼 수 있다. 멜로우는 검은 고양이에 대한 새로운 인식 확립의 필요성을 체감하였으며, 이에 mellow cat vol.8 Black cat을 출간하였다.

매거진의 특성상 인터뷰가 필수적인 상황이며, 인터뷰 진행 시에는 각 고양이의 외모, 이름, 특징 숙지가 필요하다. 이전에는 서로 다른 털의 색, 눈의 색 등으로 아이들을 구분해 인터뷰이 숙지가 용이했다. 하지만 금번 호에서는 주제의 특성상 비슷한 색상의 털을 가진 고양이들을 동시다발적으로 접하는 것을 피할 수 없다.

처음으로 수많은 검은 고양이를 마주하게 된 멜로우 편집부. 우리는 당황할 수밖에 없었다. 그러나 패닉도 잠시, 멜로우 각 구성원은 자신만의 검은 고양이 구분 방법을 확립해 수월하게 매거진 제작을 마무리했다. 각 직원들이 매거진 제작 과정에서 알아낸 '검은 고양이 구별법'을 집계·정리해 검은 고양이와 친해지고 싶은 멜로우메이트들에게 전하려 한다. 멜로우에서 준비한 '검은 고양이 구별을 위한 개념적 접근과 방법론'을 통해 모두 검은 고양이 마스터가 되어 보도록 하자.

tuxedo cat

검은 고양이의 정의

이야기에 앞서, 멜로우가 정의 내린 검은 고양이에 관해 설명할 필요성을 느꼈다.
턱시도부터 진한 회색빛의 고양이들까지 검은 고양이라 일컬어지기 때문이다.
우리가 정의한 검은 고양이는 다음과 같다.

Chapter.2

신체의 90% 이상이 검은 털로 덮여 있다.
진한 회색, 적갈색의 털이 신체의 50% 이상 분포되어 있다 하
더라도, 통념상 '검다'고 느껴진다면 검은 고양이로 간주한다.

**가슴팍에 집중적으로 흰색 털이 나 있는 경우 턱시도 고양이
로 간주한다.**
흰 털이 검은색의 털보다 시각적으로 인상적인 경우가 더 많
기에 이번 호에서는 턱시도 고양이는 제외한다.

**단, 분홍 코·흰색 수염의 경우 각자의 특이성을 존중. 예외로
하지 않는다.**
검은 고양이라 할 지라도 유전적 특성에 의해 흰색 수염이나
부분적인 회색 털, 분홍색 코 등의 특징이 나타나기도 한다. 이
경우 위 1번의 요건을 충족했을 시 검은 고양이로 인정한다.

Chapter.3

HOW TO DISTINGUISH BLACK CATS OF EDITORS?

에디터의 업무적 특성에 따른 검은 고양이 구별 방법

에디터의 경우 검은 고양이 패널들과 가장 가까운 곳에서 매거진을 만드는 편집부 일원이다. 따라서 검은 고양이에 대한 전반적인 이해는 물론, 각 패널의 외형적 특성, 성향까지 완벽히 파악해야 한다. 이에 에디터 3인 각 '편집장 J'와 '에디터 Y', '에디터 H'는 자신만의 방법을 통해 검은 고양이를 식별하였으며 성공적으로 원고 작업을 마무리하였다.

나는 현재 두 마리를 반려 중이며
한 평생 고양이를 반려한 적이 없다.
고양이와 연이 없었다.
그래서 어떤 모를 만들며
검은 고양이들을 구별하는게
쉽지만은 않았다. 그래도 노력해보았다.

X1. 성격에 따른 자세의 차이
3방법 ─ X2. 귀 모양의 차이
X3. 자주 짓는 표정

하지만,
모든 방법은 실패!

∴ 야행동물인 고양이의 특성을 활용해서
집 안 인테리어와 소품으로 구분해보자!

ex) 쿠오뜨 (Quote)의 정렬이는
주로 멋진 디자인의 가구와 있다.

ex) 고저편선님의 '신나'와 '봤드'는
하얗고 바스락거리는 이불과
함께 있다.

편집장 J

에디터 H

검은 고양이 구별법에 여전히 난항을 겪고 있기는 하나
가까스로 검은 고양이들 사이의 구별법을 발견했다.
나의 구분법은 다음과 같다. 털 색. 처음에는 모두
같은 검은색이라 여겼지만, 자세히 관찰하면
검은 털에도 명도가 존재한다는 걸 알 수 있었다.
완연한 검정에 가까운 검은색과 밝색에 가까운
검은색으로 나눌 수 있다. 완연한 검정의 경우엔
눈 티에 따른 이목구비를 구별하기 어렵다.
실제 고양이를 마주했을 때는 그 안에 털든 윤곽,

아세한 음영차이를 알아차릴 수 있겠지만
주로 화면으로 아이들을 마주하기 때문에
그 세일한 색의 농도까지 보는 것은 어렵기 때문이다.
이렇게 명도 0에 가까운 검은 고양이들은 암흑 속에서
튀어나온 것 같은 느낌을 준다. 대표적으로는 '명조가   패널
그에 해당한다. 밝색에 가까운 검은 색의 망우면
자칫하면 일반적인 검정으로 오해하기 쉽지만,
햇빛을 받거나 밝은 곳에 있을 때 갈색 빛이 반사
되는 것을 확인할 수 있다. 낮에 찍힌 사진이 경우,
전체적으로 밝색을 떠는 밝도 있다.

나 에디터 Y는 다소 모호하게 느껴질 수 있는
패널 선정 방식이 터외적이었다. 하지만 지금은
검은 고양이를 잘 구별하는 편집부원이라 자부한다.
그들을 구분하는 방법은 사실 어렵지 않다. 아이들의 가장
큰 차이점인 얼굴형에 집중해보자.
고양이의 얼굴형은 크게 두가지 형태로 나눌 수 있다.
동그랗게 털이 많은 O형과 날렵하고 각이 살아있는
V형이다. O형 얼굴에는 전반적으로 털이 많다.
윤기가 나기 보다는, 복슬복슬한 텍스처가 느껴진다.
V형 얼굴은 주로 단모 고양이에게서 찾아볼 수있다.
이 경우, 고양이의 체형도 얼굴형처럼 날렵한 경우가 많다.

에디터 Y

Chapter.4

HOW TO DISTINGUISH BLACK CATS OF DESIGNERS?

디자이너의 업무적 특성에 따른 검은 고양이 구별 방법

디자이너의 식별 방법은 에디터들과 다르다. 에디터는 각 본인의 패널에 집중하는 반면, 디자이너는 모든 인터뷰의 디자인을 총괄하기에 총체적인 방법으로 검은 고양이를 구분한다. 또, 좀 더 특정되는 작은 부분으로 아이들을 구분하기도 한다.

나는 평소 눈썰미에 자부심을 갖고 있었는데
고양이를 키우지 않는 나는 검정고양이 구별이 처음엔 쉽지 않았다.

하지만 곧 내 특기를 발휘해 구별법을 발견해냈다.
바로 눈동자 구별법이다.
흔히 검은고양이는 노란색 눈을 가지고 있다고 하지만 자세히 들여다 보면 모두 저마다의 색을 가지고 있다는 것을 알 수 있다.

여행을 하는 고양이 '미아'의 경우는 선명한 노란색을 자랑한다.
마치 계란의 노른자와 같은 동그랗고 채도 높은 노란색이다.
정전이의 경우 노란색과 녹색의 중간이라 말 할수 있다.
인터뷰 내용처럼 '모호한 매력'이 느껴지는 색이다.

방문인 박두홍씨의 반려묘 '다홍'이의 눈의 완전한 녹색이다.
'에메랄드바다' 라는 다홍이네의
별명처럼 짙은 녹색을 띤 모습이 매력적이다.

디렉터 E

현재 강아지를 반려하고 있어
검은 고양이 구별은
아무래도 쉽지가 않았다.
그래서 내가 선택한 구별법은
고양이의 전체적인 분위기를 읽는 것!

분위기에서 느껴지는 날렵함과
동그감이 있다.

EYES & EYES

날렵한 인상 : 늘씬한 체형,
            Long 다리

동그란 인상 : 전체적으로 동그스름한
            체형
            뭔가 뚱한 느낌..
            만화같은 인상.

하지만 겉으로 풍기는 분위기 만으로는
파악하기 힘들다.

개개인의 특성이 가장 중요!!

디자이너 H

MELLOW'S CONCLUSION

이 글에서는 검은 고양이는 모두 다른 특성이 있다는 사실을 바탕으로, 각 검은 고양이의 구분 방법을 설명하고 있다. 우선 멜로우가 정의한 검은 고양이를 설명하였으며, 멜로우 편집부 구성원들의 구분 방법을 이야기했다. 이를 통해 검은 고양이는 각자의 개성이 있음을 확인하였고, 다양한 방법을 통해 아이들을 인지할 수 있음을 깨달았다. 또한 검은 고양이 구별법은 크게 다섯 가지의 특성으로 나눌 수 있다는 결과를 도출했다. 내용은 다음과 같다.

Chapter.5

크게 '통통형'과 '홀쭉형'으로 구분할 수 있다.

검은 고양이는 다양한 외모를 가지고 있지만, 크게 본다면 통통형과 홀쭉형으로 구분할 수 있다. 통통형의 경우 얼굴이 동그랗고, 폭신폭신한 질감의 털을 가지고 있다. 홀쭉형의 경우 얼굴이 날렵한 세모꼴이며, 매끄럽고 윤이 나는 털을 가지고 있다. 단, '뚱냥이'의 경우 선천적으로 동그란 얼굴형을 가지고 있는 것인지, 후천적으로 동그란 얼굴이 된 것인지 확인해 보아야 한다.

부분적으로 흰 털, 적갈색의 털을 가지고 있을 확률이 높다.

언뜻 보면 모두 검은 털로 보일지 몰라도, 자세히 보면 모두 저마다의 색으로 가득하다. '다홍이'는 햇빛을 받으면 자신의 이름과도 같은 다홍빛이 살짝 스치고, '미아'는 뒷발에만 흰 양말을 챙겨 신었다. 이처럼, 검은색 안에서도 저마다의 색깔을 지니고 있다.

노란색 이외에도 다양한 색상의 홍채를 가지고 있다.

검은 고양이의 얼굴을 떠올리면 노란색의 홍채를 떠올리기 십상이다. 하지만 그들은 다양한 색상의 홍채를 가지고 있다. 또한 주변 빛의 양에 따라 홍채의 색이 다르게 보이기도 하므로 눈 색으로 고양이를 구분하기는 어렵다. 이제 까만 얼굴에 노란 눈을 가진 고정적 이미지는 잊어 주기를 바란다.

주변 인테리어로 고양이를 구분하는 것은 옳지 않다.

영역 동물인 고양이의 특성을 활용해 주변 기물들로 고양이를 구분한다는 의견도 있다. 하지만 이는 바람직한 고양이 구분법이 아니다. 주변 기물은 시시때때로 바뀔 수 있다. 또한 표면적인 모습으로 아이를 파악하다 보면 혼동이 올 수 있다. 고양이의 특이점과 성향을 파악해 구분하는 것이 옳다.

성격이 다정한 경우가 많다.

이것은 mellow cat vol.8을 준비하며 알게 된 사실이다. 검은 고양이는 다정한 성격인 경우가 많다는 것이다. 많은 아이가 한 매거진에 실리기 때문에 성격적 특성으로 아이들을 구분하기도 하는데, 이번 호에서는 유독 다정한 성격이라는 답변이 주를 이뤘다. 이 때문에 패널 구분 시 어려움을 겪기도 했지만, 다른 한편으로는 검은 고양이의 공통점을 찾을 수 있어 재미있었다는 후문이다.

검은 고양이에 대한 많은 낭설과 편견으로 시작하게 된 이번 mellow cat vol.8. 단순한 궁금증으로 시작한 이 프로젝트는 많은 시사점을 남겼다. 분명한 것은, 검은 고양이들은 오해 속에 묵혀 둘 수 없는 소중한 존재라는 것, 까만 털 안에는 더 색다른 이야기들을 품고 있다는 것이다. 검은 고양이에 대한 인식은 더 많이, 더 빨리 바뀌어야 한다. 이번 mellow cat vol.8이 변화의 기폭제가 되길 바란다.

Hello, We're Thunder & Blaze We're Looking For Our Family

썬더 ♀ / Black & White / 2022년 9월생 추정 / 5.3kg
블레이즈 ♂ / Black / 2022년 9월생 추정 / 5.6kg

"강렬한 이름처럼, 한번 보면 우리를 잊지 못할 거예요. 당신의 마음에 까만 하트를 새길 테니까요."

2022년 10월 2일, 반려견과 저녁 산책 중에 우연히 세상을 떠난 흰 고양이를 발견했어요. 그 고양이를 살펴볼까 싶어 다가가려는 순간, 새끼 고양이의 울음소리가 들려왔습니다. 주변에 죽은 고양이의 새끼들이 아직 살아있을 것 같다는 생각이 들더라고요. 새끼 고양이를 구조하려고 주변을 샅샅이 뒤졌어요. 그리고 수풀 사이에서 두 마리의 새끼 고양이를 찾았습니다. 바로 SNS를 통해 임시보호자를 구했고 다음 날인 10월 3일 임시보호처로 옮겨졌어요.

이렇게 이야기가 끝나냐고요? 지금부터 시작인걸요(웃음). 그렇게 정신없이 고양이들을 임보처로 보내고 난 후, 혹시 남은 아이가 있을지 걱정이 되더라고요. 다시 그 자리를 찾아갔어요. 어미가 죽어 있는 자리를 둘러보다가, 어미의 옆에 있는 까만 새끼 고양이를 발견했어요. 까만 고양이는 울음소리도 내지 못한 채, 힘없이 움직이고 있었죠. 그때, 다른 고양이가 나타났어요. 까만 고양이를 구조하는 인기척이 들렸나 봐요. 젖소 무늬를 한 다른 새끼 고양이가 슬며시 나타났습니다. 살려달라고… 본능적으로 다가온 것 같아요. 구조된 아이들은 위태로운 상태였습니다. 하룻밤을 넘기기 힘들

어 보였어요. 특히나 까만 고양이는 썩은 내가 진동하고 작은 구더기 두 마리도 몸에 붙어있었어요. 아이들을 깨끗하게 씻기고, 설탕물을 먹었어요. 폭풍 같은 시간이 지나고, 아이들도 긴장이 풀렸는지 잠에 들더라고요. '부디 무사히 잠에서 깨어나길.' 작은 소망과 함께 저도 잠이 들었습니다.

그다음 날인 10월 4일, 동물병원에 가서 각종 검사를 받았어요. 의사 선생님께서는 태어난 지 2주 정도 된 것 같다 하셨어요. 몸무게는 150g 정도로 아주 적었죠. 한창 어미의 젖을 먹으며 보호받아야 할 아이들이 세상에 버려졌으니, 얼마나 무섭고 두려웠을지 너무 안타깝더라고요. 앞에 구조한 아이들처럼 임시보호를 보낼까 생각도 해보았는데요. 아무래도 몸이 좋지 않은 아이들이라서 제가 직접 보호하는 게 맞는 거 같다는 생각이 들었어요. 그렇게 대형견 두 마리를 반려하는 우리 집에 고양이 남매가 입주하게 되었습니다.

아이들에게는 '썬더'와 '블레이즈'라는 이름을 붙여주었어요. 코 옆에 점이 있는 여자아이에겐 썬더, 새까만 남자아이에겐 블레이즈라는 이름을 선물했답니다. 아이들이 힘든 상황 속에서 구조되었잖아요. 그래서 어떤 상황에서도 강렬하고 굳건하게 살아남으라고 천둥과 불꽃이라는 강력한 이름을 붙여준 거죠(웃음). 어느 순간 저희 집의 일부는 두 고양이의 공간으로 탈바꿈되었습니다. 캣타워, 스크래쳐, 모래가 가득한

화장실까지 생겼죠. 5개월 정도 무렵에는 중성화 수술도 했어요. 수술을 위해 아이들을 아주 잠깐 분리해 놓았는데요. 얼마나 울며 서로를 찾던지요. 매일매일 모든 순간을 함께하는 모습을 보며 꼭 동반 입양을 시켜주어야겠다고 마음먹었어요.

낯선 환경에 대한 경계심이 있는 편이라 아이들이 적응할 때까지, 충분히 마음의 여유를 가져주세요. 가끔 창문 너머의 길고양이 아이들에게도 하악질을 하는 걸 보니, 고양이 친구들과도 친해지려면 시간이 걸릴 것 같습니다. 고양이의 습성을 정확히 파악하고 있는 분이 가족이 되었으면 해요. 썬더와 블레이즈는 사랑을 주고받는 방법을 아는 아이들이에요. 애교도 많고, 반려인의 품에 안겨 있는 순간을 즐기거든요. 두 아이가 저희보다 더 큰 사랑과 행복을 줄 수 있는 평생 가족을 만나길 바라고, 기다리겠습니다. 언제까지 나요.

글·사진 김민형 @mh_in_jeju | 에디터 최진영

SAY NO

TO DOGMEAT

그만먹개 캠페인 2023

올해의 마지막이 다가온다. 지난 1년간 개 식용 철폐를 위해 쉼 없이 달려온 〈그만먹개 캠페인 2023〉. 뜬장 속에 갇혀 고통으로 생을 마무리하는 개들에게 자유를 선물하기 위해 임순례 감독과 이진숙 프로듀서, 그리고 5인의 감독 박성광, 박새연, 조현철, 이송희일, 장민승은 힘을 합쳤다. 그들은 1년이라는 시간 동안 '식문화'라는 변명을 둘러쓴 채 유지되어 온 불편한 진실을 낱낱이 파헤쳤다.

진실은 매스컴을 타고 세상에 퍼졌다. 초복부터 순차적으로 공개된 그들의 작품은 영화관, 각종 SNS 등을 통해 많은 이들의 가슴을 울렸다. 울림은 시류를 만들어 개 식용 종식에 한 발짝 더 가까이 다가가게 했다. 하지만 아직도 철장 속에는 개들이 있다. 물결이 닿지 않는 가장 깊은 곳, 그곳에는 항상 뜬장이 있으니까. 그러니 오늘도, 내일도, 모레도 걸음을 옮긴다. 그러다 보면 당도할 것이다. 세상 모든 개가 아주 보통의 삶을 누릴 수 있는 그런 이상향에.

에디터 최진영 | **자료제공** 동물권행동 카라, (주)1986프로덕션

SAY NO TO DOG MEAT 2023

- 2022년 7월 — 〈그만먹개 캠페인 2022〉 출범
- 7월 16일 초복 — 정윤철 감독 〈미트 소믈리에〉 발행
- 7월 25일 중복 — 조세영 감독 〈꽃별이의 여름〉 발행
- 8월 15일 말복 — 용이 감독 〈복날의 개를 좋아하세요?〉, 이하루 감독 〈PREP:당신의 거룩한 복날을 위하여 (For your scared happy meal)〉, 박새연 감독 〈뜬장〉, 이옥섭 감독 〈각자의 바다로〉 발행
- 2023년 6월 — 〈그만먹개 캠페인 2023〉 출범
- 7월 11일 초복 — 박성광 감독 〈친구, 벗(but)〉, 박새연 감독 〈드라이브〉, 조현철 감독 〈대문아〉 발행
- 7월 21일 중복 — 이송희일 감독 〈짝꿍〉 발행
- 8월 10일 말복 — 장민승 감독 〈디어 파도 (dear PADO)〉 발행
- 10월 23일 — 〈서울동물영화제〉 폐막작 선정
- 10월 28일 — 주 1986프로덕션, 보듬컴퍼니 주최 〈댕댕런 2023〉 작품 상영

그만먹개 캠페인 2023

뜬장 속 생명들을 위한 그만먹개 캠페인 2023. 멜로우도 활동에 함께하며 뜻을 모았다. 그만먹개 캠페인의 단편 영화 제작을 위해 지난 1년간 매거진 한 권이 판매될 때마다 1,000원씩 기부를 진행했다.

세상 모든 개를 위한 축제 〈댕댕런 2023〉. 강형욱 훈련사가 대표로 자리하고 있는 보듬컴퍼니와 1986프로덕션에서 주최한 이 행사는, 참가자 1인당 1kg의 사료를 유기동물 보호센터에 기부한다. 행복과 사랑을 나누는 이 자리에서 그만먹개 캠페인 2023이 상영되었다. 수천 명의 반려견과 반려인이 둘러앉은 자리에서 상영된 장민승 감독의 〈디어 파도(dear PADO)〉와 박새연 감독의 〈드라이브〉. 광활한 자연에서 울린 개 식용 철폐를 향한 이야기는 많은 이들에게 닿아 새로운 감상을 불어 넣었다. 모든 개는 행복해야 하기에, 이번 행사에서의 그만먹개 상영은 더욱 강렬한 의미로 남을 것이다. 또한 그만먹개 캠페인 2023의 다섯 개 작품은 〈서울동물영화제〉의 폐막작으로 선정되어 상영되기도 했다. 사단법인 동물권행동 카라에서 주최하는 서울동물영화제는 21개국, 총 51편의 장단편 영화가 상영되었다. 이번 폐막작 선정은 전 세계 동물권 이슈를 다루는 뜻깊은 영화제에서 진행되었기에 의미가 남다르다. 이번 그만먹개 발표작 상영을 통해 개 식용은 더 이상 한국에 국한된 문제가 아닌 전 세계 동물권과도 연관된 일이라는 것을 공고히 다지는 계기가 되었다.

#식용견은_없다
#사회적합의는_끝났다

1, 2 〈댕댕런 2023〉 그만먹개 상영 3 〈서울동물영화제 2023〉 폐막식
4 박새연 감독 5 장민승 감독 6 이송희일 감독

#stop_dog_slaughtering
#end_dogmeat_end_animalcruelty

2년간의 노력 덕분일까. 사람들의 인식 또한 달라지고 있다. 그동안 관심 밖이었던 뜬장 속 개들에게 시선을 주는 이들이 늘어나고 있다. 도무지 바뀌지 않을 것만 같았던 현실 또한 서서히 개선되는 중이다. 그중에서도 가장 의미 있는 사실은 개 식용 종식과 관련된 법안이 발표되었다는 것이다.

2023년 4월, 전면 개정된 동물 보호법이 시행되었다. 이제부터 '사람의 생명·신체에 대한 직접적인 위협이나 재산상의 피해 방지 등 농림수산식품부령으로 정하는 정당한 사유 없이 개를 죽음에 이르게 할 경우 3년 이하의 징역이나 3000만 원 이하의 징역형'을 받는다. 개정 법안이 발표된 후, 과연 해당 법안이 현실에서 의미를 가질지 우려된 것은 사실이다. 하지만 이것은 작은 시작일 뿐이다. 법안은 법안으로서 자리를 지키는 것만으로도 우리의 인식에 새로운 개념을 심어줄 수 있다. 그래픽 노블 작가 김금숙은 멜로우와의 인터뷰에서 이런 말을 남겼다. 모두 큰 목소리로 외쳐야 한다고. 작가는 책으로, 매거진이라면 글로, 자신의 목소리로 크게 외치다 보면 언젠가 개 식용이 종식될 수 있을 것이라고. 그러니 우리는 여기서 멈추지 않을 것이다. 완벽한 '개 식용 종식'을 위해, 내년에도 내후년에도 목소리를 모을 것이다.

멜로우는 창간 이후부터 지금까지, 도움이 필요한 동물들에게 마음을 전해왔다. 2024년에도 그 활동은 멈추지 않을 것이다. 세상 모든 동물이 그만의 자유와 행복을 누리는 날까지. 우리가 이야기하는 '멜로우'한 진심이 온 마음에 닿을 때까지. 멜로우메이트 여러분도 우리들의 행보를 함께해 주기를 바란다.

발행처
Inc.펫앤스토리

Publisher
최성국 Sungkuk Choi

Contents Director
김은진 Eunjin Kim

Cheif Editor
박조은 Joeun Park

Editor
최진영 Jinyoung Choi
유하림 Harim Yoo

Art Direction & Design
김은진 Eunjin Kim

Designer
김혜진 Hyejin Kim

Sales & Distribution
정선국 Sunkook Jung

Management Support
정선국 Sunkook Jung
오지원 Jiwon Oh
안시윤 Siyun An

Illustrator
박조은 Joeun Park

Publishing
Inc.펫앤스토리
도서등록번호 제 2020-00135호
출판등록일 2005년 3월 17일
ISSN 2799-5399
창간 2010년 9월 14일
발행일 2023년 11월 23일

Inc.펫앤스토리
경기도 용인시 수지구 신수로 767
분당수지유타워 A동 2102호
767, Sinsu-ro, Suji-gu, Yongin-si,
Gyeonggi-do, Republic Of Korea

광고문의
mellowmate@petnstory.com
1544 8129

구독문의
mellowmate@petnstory.com
1544 8129

Instagram
mellow_is

Web
mellowmate.co.kr

SAY NO

TO DOGMEAT